일본어능력시험

실전 시뮬레이션

이장우, 다카하시 소 공저

N3

사람in
saram
in com

新しい　　新ただ

이 두 단어는 둘다 '새롭다'라는 뜻인데, '新しい'는 '지금까지 없었던 새로운 것이 생기다, 만들어지다'라는 뉘앙스이고, '新ただ'는 '새로운 것을 시작하다, 새롭게 마음먹다'라는 뉘앙스가 있다.

'시작부터 웬 일본어 강의를 하지?'라고 하는 분들도 있겠지만, 달라진 일본어능력시험과 그에 따라 새롭게 생긴 N3을 보면서 '새롭다'라는 말에 대해 생각해 보게 되었다. (여기서 말하는 N은 'New', 'Nihonggo'를 나타낸다고 한다.)

사람(젊은이)은 두 부류가 있다. 첫 번째는 항상 새로운 것을 추구하고, 도전하는 사람이다. 그리고 두 번째는 새로운 것보다는 기존의 것을 더욱 애용하고, 새로운 것에 대한 도전을 귀찮아하고 회피하는 사람이다. 어느 쪽이 낫다라는 판단은 여러분에게 맡기겠다. 하지만 적어도 어학, 특히 일본어에서는 늘 고여 있는 물이 되어 정체되어 있기보다는 항상 새로운 것(새로운 어휘나 문법, 문장)에 대한 호기심을 가지고 학습하는 것이 중요하다는 것은 더 말할 필요가 없다. 그렇게 하지 않으면(일본어에 한정하는 것이 아니지만) 결국에는 성공한 사람(시험에 합격한 사람)이 부러워지기만 할 것이다.

저자 역시 지금까지 십 수 년을 일본어능력시험을 현장에서 교육에 종사했다. 하지만, 이번에 새롭게 시험이 바뀌지 않았다면, 아마 지금쯤 현 상태의 저자가 일본어능력시험 강사로서, 저자로서 충분하다는 안일한 생각으로 버티고 있었을지도 모르겠다. 다행스럽게도 시험이 바뀌어 적지 않은 나이의 저자에게 또다른 도전정신을 일깨워 주었다. 왜냐하면 NEW일본어능력시험은 구 시험과는 출제형식이 달라졌기 때문에 새롭게 (新たに) 교재를 만들고, 새롭게 강의 준비를 하게끔 해 주었기 때문이다.

필자는 2010년 첫 시험에서 N3급을 응시했다. 왜냐하면, N3은 전에 없던 시험이고, 일본어능력시험위원회에서 얘기한 기존의 2급과 3급 사이의 시험이라는 말에 호기심이 발동하였기 때문이다. 하지만 2급과 3급 사이라는 말의 정의를 조금은 이해를 했지만, 명확하게 '이것이다'라는 결론은 내지 못했다.

그래서 동료 선생님 분들과 일본어 시험에 관한 탁월한 식견을 가진 교수님들과 머리를 맞대고 토론했고 N3의 기준점(시험 범위)에 도달했다. 물론 이 기준이 100% 맞다고 할 수는 없지만 일본어 시험에 관한 한 다년간의 노하우를 가진 많은 분들의 노력의 결과물이어서 충분히 만족한다.

본 교재도 이러한 고민의 과정을 거치며 여러 분의 노력을 바탕으로 집필하였다. 많은 분들의 수고가 응축된 교재인 만큼 본 교재가 여러분들의 합격을 위한 '새로운(新しい)' 책이 되기를 바란다.

저자

차례

새로운 〈일본어능력시험〉 가이드

1. 새로운 '일본어능력시험'에 대해

일본어능력시험은 일본어를 모어로 하지 않는 이들의 일본어 능력을 측정 및 인정하는 시험으로 일본국제교류기금과 일본국제교육협회(현 일본국제교육지원협회)가 1984년부터 실시하고 있다. 2008년에는 전세계에 약 56만 명이 일본어능력시험을 수험하였다.

최근 일본어능력시험 수험생들은 폭이 매우 넓어졌고 수험 목적도 실력 측정, 취직 및 승진 등 변화가 나타나고 있다. 또 시험에 대한 요구사항이나 의견들이 나왔다.

이에 따라 일본국제교류기금과 일본국제교육지원협회는 능력시험이 실시된 후 지난 20여 년 간 발전해 온 일본어교육학, 테스트 이론의 연구 성과와 지금까지 축적해 온 시험 결과 데이터를 토대로 일본어능력시험의 내용을 개정하여 2010년에 새로운 일본어능력시험을 실시하게 되었다.

2. 개정 포인트

(1) 과제 수행을 위한 언어 소통 능력을 측정한다.

일본어에 관한 지식과 함께 실제 운용 가능한 일본어 능력을 중시한다. 따라서 문자・어휘・문법 등의 언어지식과 그 언어지식을 이용한 소통 상의 과제를 수행하는 능력을 측정한다.

※해답은 현행 시험과 마찬가지로 선택지에 의한 마크시트 방식으로 이루어진다. 또한 말하기, 쓰기 능력을 직접 측정하는 시험 과목은 없다.

(2) 레벨을 4단계에서 5단계로 늘렸다.

N1	현행 시험 1급보다 다소 높은 레벨까지 측정한다. 합격선은 현행 시험과 거의 같다.
N2	현행 시험 2급과 거의 같은 레벨이다.
N3	현행 시험 2급과 3급 사이에 해당하는 레벨이다. (신설)
N4	현행 시험 3급과 거의 같은 레벨이다.
N5	현행 시험 4급과 거의 같은 레벨이다.

(3) '득점등화'를 실시한다.

서로 다른 시기에 실시되는 시험에서는 출제되는 문제가 다르므로 아무리 신중하게 출제를 해도 매회 시험의 난이도가 다소 변동할 수밖에 없다. 따라서 새로운 시험에서는 '등화' 방법을 통해 시험 득점이 난이도의 영향을 받는 일이 없도록 형평성을 유지할 수 있게 한다.

(4) '일본어능력시험 Can-do 리스트' (가칭)를 제공한다.

각 레벨의 합격자가 일본어를 사용하여 실제로 어떠한 일이 가능하다고 생각하는지를 조사한 '일본어능력시험 Can-do 리스트'(가칭)를 제공하는데 현재 작성 중이다.

예) 듣기 – 학교나 직장 공공장소에서 안내방송을 듣고 대략의 내용을 이해할 수 있다.

3. 인정 기준

레벨	인정 기준
N1	**폭넓은 장면에서 사용되는 일본어를 이해할 수 있다.** [읽기] • 폭넓은 화제에 대해 쓰인 신문 논설, 평론 등, 논리적으로 다소 복잡한 문장과 추상도 높은 문장 등 을 읽고 문장 구성과 내용을 이해할 수 있다. • 다양한 화제 내용에 깊이 있는 글을 읽고 이야기 흐름과 상세한 의도를 이해할 수 있다. [듣기] • 폭넓은 장면에서 자연스러운 속도의 체계적 내용의 회화, 뉴스, 강의를 듣고 이야기 흐름과 등장인물의 관계, 내용의 논리구성 등을 상세하게 이해하고 요지를 파악할 수 있다.
N2	**일상적인 장면에서 사용되는 일본어 이해와 더불어 보다 폭넓은 장면에서 사용되는 일본어를 어느 정도 이해할 수 있다.** [읽기] • 폭넓은 화제에 대해 쓰인 신문이나 잡지 기사 · 해설, 평이한 평론 등, 논지가 명쾌한 문장을 읽고 문장 내용을 이해할 수 있다. • 일반적인 화제에 관한 글을 읽고 이야기 흐름과 표현의도를 이해할 수 있다. [듣기] • 일상적인 장면과 더불어 폭넓은 장면에서 자연스러운 속도의 체계적 내용의 회화, 뉴스를 듣고 이야기 흐름과 등장인물의 관계를 이해하고 요지를 파악할 수 있다.
N3	**일상적인 장면에서 사용되는 일본어를 어느 정도 이해할 수 있다.** [읽기] • 일상적인 화제에 대해 쓰인 구체적인 내용을 나타낸 문장을 읽고 이해할 수 있다. • 신문 기사 제목 등을 통해 정보의 개요를 파악할 수 있다. • 일상적인 장면에서 접하는 범위의 난이도가 다소 높은 문장은 유의 표현이 제시되면 요지를 이해할 수 있다. [듣기] • 일상적인 장면에서 다소 자연스러운 속도에 가까운 체계적 내용의 회화를 듣고 이야기의 구체적인 내용을 등장인물의 관계 등과 더불어 거의 이해할 수 있다.
N4	**기본적인 일본어를 이해할 수 있다.** [읽기] • 기본적인 어휘나 한자로 쓰인 일상생활 속에서도 가까운 화제에 대한 글을 읽고 이해할 수 있다. [듣기] • 일상적인 장면에서 조금 느린 속도의 회화라면 내용을 거의 이해할 수 있다.
N5	**기본적인 일본어를 어느 정도 이해할 수 있다.** [읽기] • 히라가나, 가타카나, 일상생활에서 사용되는 기본적인 한자로 쓰인 정형적인 어구, 문장, 글을 읽고 이해할 수 있다. [듣기] • 교실이나 주변 등 일상생활 속에서도 자주 접하는 장면에서 느리고 짧은 회화로부터 필요한 정보를 얻어낼 수 있다.

4. 시험 과목과 시간

레벨	시험 과목 & 시간		2교시
	1교시		2교시
N1	언어지식(문자 · 어휘 · 문법) · 독해(110분)		청해(60분)
N2	언어지식(문자 · 어휘 · 문법) · 독해(105분)		청해(50분)
N3	**언어지식(문자 · 어휘)(30분)**	**언어지식(문법) · 독해(70분)**	**청해(40분)**
N4	언어지식(문법) · 독해(30분)	언어지식(문법) · 독해(60분)	청해(35분)
N5	언어지식(문자 · 어휘)(25분)	언어지식(문법) · 독해(50분)	청해(30분)

※시험 시간은 변경될 수도 있다. 또한 '청해'는 시험 문제의 녹음 시간 길이에 따라 시험 시간이 다소 변경된다.

5. 시험 결과

(1) 시험 결과의 표시

레벨	득점 구분	득점 범위
N1	언어지식(문자 · 어휘 · 문법)	0~60
	독해	0~60
	청해	0~60
	종합 득점	0~180
N2	언어지식(문자 · 어휘 · 문법)	0~60
	독해	0~60
	청해	0~60
	종합 득점	0~180
N3	**언어지식(문자 · 어휘 · 문법)**	**0~60**
	독해	**0~60**
	청해	**0~60**
	종합 득점	**0~180**
N4	언어지식(문자 · 어휘 · 문법) · 독해	0~120
	청해	0~60
	종합 득점	0~180
N5	언어지식(문자 · 어휘 · 문법) · 독해	0~120
	청해	0~60
	종합 득점	0~180

(2) 합격/불합격 판정

종합 득점과 각 득점 구분의 기준점, 이 두 가지로 합격/불합격 판정을 내린다. 기준점이란 각 득점 구분에서 '적어도 이 이상은 필요한' 득점을 말한다. 득점 구분의 득점이 하나라도 기준점에 달하지 못한 경우는 종합 득점이 아무리 높아도 불합격으로 처리된다. 각 득점 구분에 기준점을 설정한 것은 학습자의 일본어능력을 종합적으로 평가하기 위해서이다.

(3) 시험 결과의 통지

다음 예와 같이 ①'득점 구분별 득점'과 득점 구분별 득점을 합계한 ②'종합 득점', 앞으로의 일본어 학습을 위한 ③ '참고 정보'를 통지한다. ③'참고 정보'는 합격/불합격 판정 대상이 아니다.

예: N3을 수험한 Y씨의 '합격/불합격 통지서'의 일부 (실제 서식은 변경될 수 있다.)

①득점 구분별 점수			②종합 득점
언어지식(문자 · 어휘 · 문법)	독해	청해	
50/60	**30**/60	**40**/60	**120**/180

③참고 정보※	
문자 어휘	문법
A	C

A 매우 잘했음 (정답률 67% 이상)

B 잘했음 (정답률 34% 이상 67% 미만)

C 그다지 잘하지 못했음 (정답률 34% 미만)

※ '언어지식(문자 · 어휘 · 문법)에 대한 참고 정보를 살펴 보면 '문자 · 어휘'는 A(정답률 67% 이상)이므로 '매우 잘했음', '문법'은 C로(정답률 34% 미만)으로 '그다지 잘하지 못했음'임을 알 수 있다.

6. N3 문제 유형

시험 과목		문제의 구성		
		문제 유형	문항 수	목표
언어지식 (30분)	문자·어휘	1 한자읽기 ◇	8	한자로 쓰인 어휘의 읽는 법 고르기
		2 표기 ◇	6	히라가나로 쓰인 어휘를 한자로 표기하기
		3 문맥규정 ○	11	문맥에 맞는 어휘 고르기
		4 유의어(대체) ○	5	출제된 말이나 표현과 의미상 가까운 말이나 표현 고르기
		5 용법 ○	5	제시된 어휘가 문장에서 어떻게 쓰이는지 바른 것 고르기
언어지식·독해 (70분)	문법	1 문의 문법1 (문법 형식의 판단) ○	13	문장의 내용에 맞는 문법 형식 고르기
		2 문의 문법2 (문의 완성) ◆	5	나열된 말을 의미에 맞게 조합해 문장으로 완성하기
		3 문장의 문법 ◆	5	문장의 흐름에 맞는 어휘나 표현 고르기
	독해	4 내용 이해(단문) ○	4	생활·일 등 여러 가지 화제를 포함해 설명문이나 지시문 등 150~200자 정도의 텍스트를 읽고 내용 이해하기
		5 내용 이해(중문) ○	6	해설, 에세이 등 350자 정도의 글을 읽고 키워드나 인과관계 등 이해하기
		6 내용 이해(장문) ○	4	해설, 에세이, 편지 등 550자 정도의 글을 읽고 개요나 논리 전개 등 이해하기
		7 정보 검색 ◆	2	광고, 팸플릿 등의 정보 소재의 글(600자 정도)을 읽고 필요한 정보 찾기
청해 (40분)	청해	1 과제 이해 ◇	6	내용 듣고 이해하기(구체적인 과제해결에 필요한 정보를 듣고 다음으로 무엇을 하는 것이 적절한지 고르기)
		2 포인트 이해 ◇	6	내용 듣고 이해하기(과제해결에 필요한 포인트를 듣고 파악해서 적절한 답 고르기)
		3 개요 이해 ◇	3	내용 듣고 이해하기(내용 전체를 듣고 화자의 의도나 주장 등 파악하기)
		4 발화 표현 ◆	4	그림을 보면서 상황 설명을 듣고 적절한 표현 고르기
		5 즉시 응답 ◆	9	질문 등의 짧은 발화를 듣고 적절한 응답 선택하기

◆ : 새로운 문제 형식
◇ : 기존에 출제된 문제 형식인데 형식에 부분적인 변경이 있음
○ : 기존에 출제된 문제 형식

N3 모의테스트 1회

言語知識(文字·語彙·文法)・読解
(120点・100分)

注意

1．試験開始の合図があるまで、この問題用紙を開けないでください。

2．この問題用紙を持ち帰ることはできません。

3．受験番号と名前を下の欄に、はっきりと書いてください。

4．この問題用紙は、全部で26 ページあります。

受験番号	
名前	

問題1　＿＿＿＿のことばの読み方として最もよいものを、1・2・3・4から一つえらびなさい。

1　寒気がするので学校を休んだ。

　　1　かんげ　　　　2　かんけ　　　　3　さむき　　　　4　さむけ

2　弟とうさぎ小屋を掃除した。

　　1　ごや　　　　　2　こしつ　　　　3　しょうしゃ　　4　しょうしつ

3　屋上から空の星をながめた。

　　1　しつじょう　　2　おくじょう　　3　じつじょう　　4　こくじょう

4　子どもの成績のことで親は心配していた。

　　1　こころくばり　2　しんぱい　　　3　せんぱい　　　4　しっぱい

5　広場の中央にみんな集まっている。

　　1　ちゅおう　　　2　じゅおう　　　3　ちゅうおう　　4　じゅうおう

6　みんなで荷物を運んだ。

　　1　はこんだ　　　2　たのんだ　　　3　きざんだ　　　4　このんだ

7　困っている人を助けたことがある。

　　1　とけた　　　　2　やけた　　　　3　かまけた　　　4　たすけた

8　先生の厳しい顔をみてみんな静かになった。

　　1　はげしい　　　2　きびしい　　　3　したしい　　　4　さびしい

問題2 ＿＿＿＿＿のことばを漢字で書くとき、最もよいものを、１・２・３・
４から一つえらびなさい。

9 おんすいプールで泳ぐのは気持ちいいことだ。

1 暖水　　　　2 清水　　　　3 凍水　　　　4 温水

10 海に着き、かいがんまで犬と走った。

1 海岸　　　　2 海崖　　　　3 海眼　　　　4 海完

11 山の上からは町ぜんたいが見渡せる。

1 全大　　　　2 栓大　　　　3 全体　　　　4 栓体

12 姉はペットのせわをしている。

1 世画　　　　2 世話　　　　3 世輪　　　　4 世環

13 遊び相手をさがしても誰もいなかった。

1 助しても　　2 援しても　　3 探しても　　4 深しても

14 水族館でめずらしい魚を見つけた。

1 診しい　　　2 珍しい　　　3 貴しい　　　4 重しい

問題3 （　　　）に入れるのに最もよいものを、1・2・3・4から一つえらびなさい。

15 子供がどんなことをするかよく（　　　）した。

1 観光　　　　2 計算　　　　3 計測　　　　4 観察

16 クラス会で（　　　）をした。

1 会社　　　　2 記念　　　　3 司会　　　　4 起立

17 男子と女子の意見が（　　　）しました。

1 対決　　　　2 決心　　　　3 対立　　　　4 結果

18 春になって家具の（　　　）を変えた。

1 変更　　　　2 配置　　　　3 値段　　　　4 価格

19 桜の花は（　　　）だ。

1 短縮　　　　2 短所　　　　3 短気　　　　4 短命

20 オリンピック（　　　）の切手が出た。

1 記録　　　　2 日記　　　　3 記念　　　　4 手記

21 牧場の時計が12時を（　　　）。

1 つげた　　　2 おした　　　3 とけた　　　4 だした

22 駅の前に大きなビルが（　　　）。

1 かけられた　2 しかられた　3 まけられた　4 たてられた

23 山田さんは黒い（　　　）を着ている人です。

　　1　シャツ　　　　　2　サラダ　　　　　3　アウト　　　　　4　アジア

24 皿はどうしてだいたいのものが（　　　）のでしょうか。

　　1　ふとい　　　　　2　まるい　　　　　3　ひくい　　　　　4　ねむい

25 （　　　）問題について議論してみましょう。

　　1　いきなり　　　　2　あまり　　　　　3　おそらく　　　　4　あらゆる

問題4 ＿＿＿＿＿に意味が最も近いものを、1・2・3・4から一つえらび
なさい。

26 教授の演説にすごく<u>感激</u>した。

　　1 感賞　　　　　2 感情　　　　　3 実感　　　　　4 感動

27 今は、すべての製品が<u>大量</u>生産できるようになった。

　　1 多量　　　　　2 大体　　　　　3 大気　　　　　4 多少

28 教室には<u>誰もいなかった</u>。

　　1 さわいでいた　2 あいていた　　3 きたなかった　4 やかましかった

29 彼の答えと岡本さんの答えは<u>イコールだ</u>。

　　1 ちがう　　　　2 ただしい　　　3 満足だ　　　　4 おなじだ

30 <u>すべての</u>ことは彼に任せます。

　　1 一部の　　　　2 さすがの　　　3 あらゆる　　　4 だいたい

問題5 つぎのことばの使い方として最もよいものを、一つえらびなさい。

31 くわえる

1 地震にくわえて、毎月15日に訓練があります。

2 この会社は筆記試験にくわえて英語の面接もある。

3 卒業祝いに父がデジカメをくわえてくれました。

4 どんなことがあってもみんなで力をくわえてやっていきましょう。

32 すっきり

1 悩みがあったが、先生のおかげですっきりしました。

2 だいぶ疲れたのか兄はすっきり寝ていました。

3 ここからだと山の上はすっきり見えません。

4 あれこれ悩まないですっきり決めなさい。

33 だんだん

1 花火が夜空にだんだん上がった。

2 授業は終わったのに生徒からだんだん質問が出た。

3 遠慮しないでだんだん食べてください。

4 冬になってだんだん寒くなった。

34 たとえ

1　この車はたとえ彼が見てもかまいません。

2　たとえ飲んでも酔わないのは体が丈夫だからでしょう。

3　たとえ先生でも知らない漢字はあるでしょう。

4　このリンゴはたとえ食べても全然あきない。

35 上達

1　水泳は山田さんの方がもっと上達だ。

2　アメリカに行ってきたせいかおどろくほど英語が上達した。

3　みんな上達まで行くために毎日練習をしている。

4　彼ほどピアノの上達な人は見たことがありません。

問題 1　つぎの文の（　　　）に入れるのに最もよいものを、1・2・3・4から
　　　　一つえらびなさい。

1　あの件（　　　）部長の指示にしたがったほうがいいでしょう。

　　1　については　　2　に対しては　　3　にかけては　　4　にとっては

2　試合は、天気（　　　）中止することもあります。

　　1　によっては　　2　にあたっては　3　にこたえては　4　にくらべては

3　山本さんは、5年間（　　　）1億円も寄付したそうです。

　　1　にかけて　　　2　にそって　　　3　にわたって　　4　につれて

4　昨日は、寒かった（　　　）、風も強かった。

　　1　うえは　　　　2　うえに　　　　3　うえで　　　　4　うえから

5　父の急な死に、ショックの（　　　）、涙も出ませんでしたよ。

　　1　あまり　　　　2　あげく　　　　3　さい　　　　　4　おそれ

6　彼は分かると言うけど、わかる（　　　）。

　　1　ものだ　　　　2　ものか　　　　3　ことだ　　　　4　ことか

7　かぜの（　　　）勉強しても頭に入らない。

　　1　おかげで　　　2　ところで　　　3　せいで　　　　4　ばかりで

8　夕飯の時間（　　　）帰ってきなさい。

　　1　くらい　　　　2　ころ　　　　　3　まで　　　　　4　までには

9 今年はクリスマス（　　　）正月（　　　）期待するなよ。

　1　とか/とか　　　2　しろ/しろ　　　3　や/や　　　　4　と/と

10 会社が（　　　）人材とはどんな人ですか。

　1　ほしかった　　2　ほしいなら　　3　ほしがる　　　4　ほしい

11 部長のやり方が少しくらい「ひどい」と思っても、しかたがないので黙っている（　　　）。

　1　とはかぎらない　　　　　　2　とはいえない

　3　ことになる　　　　　　　　4　ことにしている

12 A「すみません。岡本さんはいらっしゃいますか。」

　　B「はい、すぐ呼んできますので、ここで（　　　）ください。」

　1　お待たせ　　　2　待たせて　　　3　お待ち　　　4　お待って

13 A「会議はいつ終わりますか。」

　　B「たぶん、3時（　　　）終わっていると思いますよ。」

　1　ごろでも　　　2　ごろなら　　　3　ほどでも　　　4　ほどなら

問題 2　つぎの文の＿★＿に入る最もよいものを、1・2・3・4から一つえ
らびなさい。

（問題例）　　つくえの ＿＿＿＿ ＿＿＿＿ ＿★＿ ＿＿＿＿ あります。

　　　　　　　1　が　　　　　　2　に　　　　　　3　上　　　　　　4　ペン

（解答の仕方）

1．正しい文はこうです。

> つくえの ＿＿＿＿ ＿＿＿＿ ＿★＿ ＿＿＿＿ あります。
> 　　　　　3　上　　2　に　4　ペン　1　が

2．＿★＿に入る番号を解答用紙にマークします。

　　　　　　（解答用紙）　　（例）　①　②　③　●

14　去年より ＿＿＿＿ ＿＿＿＿ ＿★＿ ＿＿＿＿ にかぎりがあります。

　　　1　買えるもの　　　　2　上がったので　　　3　一万円で　　　　4　物価が

15　彼女は彼に、＿＿＿＿ ＿＿＿＿ ＿★＿ ＿＿＿＿ あげた。

　　　1　入社試験の　　　　2　うで時計を　　　　3　お祝いに　　　　4　合格の

16　その歌手は ＿＿＿＿ ＿＿＿＿ ＿★＿ ＿＿＿＿ 集めている。

　　　1　歌もうまいので　　2　人気を　　　　　　3　ハンサムだし　　4　若者から

17　A「彼は水泳が上手ですよね。」

　　　B「そうですね。毎日 ＿＿＿＿ ＿＿＿＿ ＿★＿ ＿＿＿＿ 泳げるんです。」

　　　1　魚のように　　　　2　水泳教室　　　　　3　だけに　　　　　4　に通った

18　A「今晩、映画でも見に行きましょうか。」

　　　B「行きたい ＿＿＿＿ ＿＿＿＿ ＿★＿ ＿＿＿＿ 手がはなせません。」

　　　1　いそがしくて　　2　仕事が　　　　　　3　気持ちは　　　　　4　山々なんですが

問題 3 つぎの文章を読んで、文章全体の内容を考えて、19 から 23 の中に入る最もよいものを、1・2・3・4から一つ選びなさい。

約束の時間と信用

ミョンヒ

　ふつう、楽しみなことの待ち合わせにはほとんどの人は時間どおりに集まりますが、あんまり気がすすまない会議などではどうしても集合が 19 気がします。集合時間にメンバーが全員来ないと、電車に乗り遅れたり会議の終わり時間がのびたりして、つぎの行動にも無理が生じます。

　何人かで出かけるときに一人でも時間に遅れてしまうと、ほかのメンバー全員に 20 。それだけならいいですが、21-a 、遅れた人は、時間にルーズだとほかのこともルーズ 21-b と信用されなくなることが多いです。

　待ち合わせ場所や会議の開始時間をもう一度確かめてから、家を出る時間をちょっと早めにすると、けっして遅れることはありません。人に迷惑をかけないためにも、自分の信用をなくさないためにも、私は決められた時間を 22 。自分に大事な時間はほかの人にも 23 。

19

　　1　よくなるような　　　　　　2　ないような

　　3　できないような　　　　　　4　遅れるような

20

1　迷惑がかかります　　　　2　待たされます

3　文句を言います　　　　　4　苦労します

21

1　a　それなら　　　　　　b　だろう

2　a　しかし　　　　　　　b　ではない

3　a　実は　　　　　　　　b　に違いない

4　a　それでは　　　　　　b　だろうか

22

1　守ったと思います　　　　2　守るはずです

3　守ろうと思います　　　　4　守ると思います

23

1　時間がほしいのです　　　2　大事な時間を作りたいです

3　大事な時間にならないですね　4　大事な時間ですからね

問題 4 つぎの文章を読んで、質問に答えなさい。答えは、1・2・3・4から最もよいものを一つえらびなさい。

福岡高校のみなさんへ

12人のアメリカ人の友だちを作ってみたいと思いませんか。

アメリカの高校生12人が、Eメールによるペンフレンドを募集しています。
彼らは今、日本語を勉強していて、日本語でEメールを書きたいと思っています。
日本の文化についても学びたいということです。

みなさんが彼らに日本語を教えることができます！
挑戦してみてください。

くわしくは、6月9日、木曜日までに木村先生まで。

24 このポスターの目的は何ですか。

1　ペンフレンドを見つけること

2　日本語を勉強すること

3　生徒をアメリカへ招待すること

4　学校を訪問すること

タカシへ

　君がこの夏ぼくたちのところでホームステイを楽しんでくれて、ほんとうにうれしく思っています。

　ところで、この前の土曜日、家でおじいさんの誕生日パーティーをしました。おじいさんは今年80歳です。お母さんがチョコレートケーキを作り、ぼくはカードを作りました。おじいさんはスポーツがとても好きなので、ぼくたちはみんなでサッカーの試合を見ました。その後、ケーキを食べました。

　またぼくのサッカーチームは先週、とても大切な試合がありました。だから2週間毎日、練習しなくてはなりませんでした。でも、そのおかげで今では、ぼくたちは市内でトップチームです。

　では、このへんで。すぐに手紙を書いてくださいね。

あなたの友だちカズオより

25　この手紙の内容について、正しいのはどれか。

1　タカシのおじいさんの80歳の誕生日パーティーがあった。

2　カズオがおじいさんのために、チョコレートケーキとカードを作った。

3　タカシはカズオのおじいさんの誕生日に参加して楽しんだ。

4　カズオの家族はおじいさんの誕生日にサッカーの試合を見た。

　だいたいの人は自分の好きな趣味を持っています。子どもの時からやっている人もいれば、大人になってから興味を持ち始めた人もいるでしょう。でも、その趣味のために、たくさんのお金や時間を使っている人がいます。もちろん自分が好きでやるものだからしかたないですが、私は趣味は趣味でやったほうがいいと思います。

　友だちの中で、世界の切手に興味を持っている人がいます。普通の切手を買ったりすればいいんですけど、その国の昔の切手に興味があるものだから、たいへんなお金がかかります。彼はアルバイトをしながら、そのお金で切手を買いますが、友だちにお金を借りたりもします。それもちゃんと返さずに。これは自分の趣味のために他人に迷惑をかけることだからよくないでしょう。

26 この文で筆者が最も言いたいのはどれか。

1　人に被害を与えながらも趣味を楽しむのはあまりよくない。

2　人は趣味を持ってはじめて自分が生きていることを感じるようになる。

3　友だちに借りたものは、ちゃんと返したほうが、友だち関係のためにはいいだろう。

4　趣味を楽しむのはいいが、バイトもせずに友だちのお金でやるのはあまりよくない。

日本ではたいへんな量の食べ物が毎日捨てられています。これはもったいないし、また環境にも悪いです。この問題を解決するために、むだにする食べ物の量を減らすことが日本の食品業界に求められています。そうすることで、より環境にやさしい社会を作ることの助けとなることができるのです。個人もまた、食べ物をむだにしないように気をつけなければなりません。これは子どもの時から家庭や学校で教えなくてはならないのです。

　毎日の食事で、子どもが食べられる量だけあげましょう。それで足りなかったら、子どもに必要な分だけもうちょっとやればいいのですから。

27 本文によれば、食品業界はどのようにして環境にやさしい社会を作ることができるか。

1　家庭の食事でみんなが食べる量を減らすことによって
2　むだにする食べ物の量を減らすことによって
3　学校の授業の時間に環境問題を教えることによって
4　毎日捨てられる食べ物の量を減らすことによって

問題5　つぎの文章を読んで、質問に答えなさい。答えは、1・2・3・4から最もよいものを一つえらびなさい。

28 ～ **30**

　春になると、引っ越しの季節がらか、自転車のチラシを多く見かける。私たちが普段乗るシティサイクルと呼ばれる一般的なものの中でも種類によって、値段や特徴にだいぶ違いがある。

　別名「ママチャリ」と呼ばれる前にかごの付いた婦人用自転車。日常の買い物用途に選ばれることが多いこのタイプは、フレームが太く、オーソドックスな(※1)デザインで、手ごろな価格で売られている。

　「ファッションサイクル」と呼ばれるタイプは、近年増えてきたものだ。ファッション性に優れていて、色やデザインに工夫が見られる。自転車とは思えないようなものも多い。

　どちらも一長一短あるだろうが、選ぶ際(※2)に注意してほしいのは見た目より安全性と乗りやすさだ。安さにこだわる(※3)あまり、安全とは言いがたいものも数多くある。フレームがアルミ素材のものなどは軽くて乗っていても疲れにくい。通勤・通学で使うのか、荷物を載せるかごはあった方がいいかどうか、距離はどうか、使用目的によって種類を選ぶことが大切だ。

（※1）オーソドックスな：正統的な
（※2）際：時
（※3）こだわる：ちょっとしたことを必要以上に気にする

[28] 「ママチャリ」の説明として正しいものはどれか。

1　乗りやすく、フレームが太く安全なので、お母さんでも簡単に乗れる。
2　かごが取り外しできるため、主婦の買い物に便利である。
3　近年人気のタイプで、買い物する時便利なようにデザインされている。
4　フレームが太くて、オーソドックスなかご付きタイプの自転車である。

[29] シティサイクルを買うときに注意しなければならない点はどういうことか。

1　見た目よりも安全で乗りやすいし、安い物を選んだほうがいいということ
2　使用目的によってデザインが違うのでチラシをよく見たほうがいいということ
3　荷物を載せるかごが付けられないデザインのものもあるということ
4　安全なもので、乗る時の目的を考えて選ばなければならないということ

[30] シティサイクルのいい点はどんなところだと言っているか。

1　様々な種類があり値段も違うので、目的にあわせて選ぶことができる。
2　主に通勤・通学で使われるタイプは、前にかごが付いていて便利だ。
3　都市で乗るために作られているので、かっこいいデザインのものが多い。
4　チラシでよく安売りしているので、いつでも安く買うことができる。

日本には、おぼんや正月が近くなると、世話になった人や目上の人などに物をおくる習慣がある。おぼんにおくる物を「お中元」といい、年の終わりにおくる物を「おせいぼ」という。

これは、昔、おぼんや正月に先祖の祭りをした行事に関係がある。先祖を大切にするのと同じ気持ちで、世話になった人や目上の人にあいさつをし、おくり物をしたのが、この「お中元」や「おせいぼ」の始まりである。昔は生活に必要な物、たとえば、米や魚などをおくることが多かった。その習慣は、今ものこっていて、食料品をおくることが一番多い。

外国人の中には、「日本人は、物をあげたりもらったりするのが好きな国民だ。」と言う人もいる。外国の人に日本人のこの習慣を、理解してもらうのは、むずかしいかもしれない。しかし、このようなおくり物には、「いろいろお世話になりました。親切にしてくださって、ありがとうございました。あなたにたすけていただいたので、いい生活ができました。これからもよろしくおねがいします。私のお礼の気持ちをこのプレゼントといっしょにおくります。」という意味があるのである。

31 「お中元」と「おせいぼ」について正しいのはどれか。

　1　「お中元」はおぼんに、「おせいぼ」は1月におくる。

　2　「お中元」と「おせいぼ」におくるものは、今と昔が全然違う。

　3　「お中元」と「おせいぼ」は先祖を大事にする心からきている。

　4　「お中元」と「おせいぼ」は今はもうなくなっている。

32 「お中元」と「おせいぼ」について、外国人はどう思っているか。

1　いい習慣だから外国人でも習うべきだと思っている。

2　おくりものが高すぎるのはよくないが、習うべきである。

3　ただ日本人の特有の習慣だと思っているらしい。

4　お世話になった人におくるものだがら習うべきである。

33 筆者は「お中元」と「おせいぼ」をどう思っているか。

1　時代が変わったから昔のものはそのままのこしたほうがいい。

2　外国人にも教えたりして積極的にすすめるべきである。

3　昔から伝えられている習慣だから絶対守ってほしい。

4　ただ、ある事実をのべているだけで、どうだという意見はない。

問題6 つぎの文章を読んで、質問に答えなさい。答えは、1・2・3・4から最もよいものを一つえらびなさい。

34 〜 37

　　ニュース内の特集で週末や夜間にアルバイトをするダブルワークの求職者が求人の１.５とかいう話題があった。このことで、①おじとも話をした。彼の言い分では、サラリーマンの理想とする年収が高すぎるため、生活レベルも下げられず、バブルをずっと引きずっているという。

　　なるほどと思ったが、疑問も残る。確かに年収は下がっているが、同時に物価も下がっている。不景気で生活は苦しいというが、ダブルワークしなければならないほどの家庭がニュースで話題になるほどあるのだろうか。

　　話は戻って、ニュースの中では、夫は、残業が減って手取り（※）が１５万円代になり、土日も別のアルバイトで働いているという。専業主婦の妻は、「私たちの父親の世代では、仕事を二つも持つなんて考えらないかった」なんて言っていた。確かに、父親世代は、ひとつの会社で定年まで働いた。休日は、日曜日だけってのが当たり前で、その日曜日でさえ、仕事っていうこともよくある時代だった。でも、今は、②そんな時間の使い方は時代遅れで、週休二日、お父さんも子育て、家事参加という時代で、働く時間は減らしましょうと言う考え方。それでいて、生活レベルは父親世代よりも高い。

　　この家庭は、ダブルワークの夫と、専業主婦の妻。何か違和感を感じる。専業主婦でいられる生活水準が恵まれているということに気づかないで、ただ自分達の収入以上のレベルの生活を求めているだけなのかもしれないと思った。

（※）手取り：実収入

34 ①<u>おじとも話をした</u>とあるが、どんな話をしたのか。

1　サラリーマンの年収がまだまだ高すぎるということ

2　ダブルワークしている人が、以前の１.５倍もいるという話

3　ダブルワークを希望している人が、募集の１.５倍もいるという話

4　理想の年収は、平均すると、年収の１.５倍という結果

35　筆者が疑問に思ったものはどれか。

1　サラリーマンの理想の年収が高すぎること

2　ダブルワークしなければならないほどの家庭がそれほどあるかということ

3　不景気がずっと続いているのに、バブル時代と同じ生活をしていること

4　ニュースで話題にしなければならないほどの問題なのかということ

36　②<u>そんな時間の使い方</u>とは、どんな時間の使い方か。

1　残業しない代わりに、土日は他のアルバイトをすること

2　土日は休んで、家事や育児に父親も参加するということ

3　ダブルワークで休日は日曜日だけという働き方

4　休みは日曜日だけだが、その日も働く日がよくあった。

37　筆者はこの家庭に対してどう思っているか。

1　本当にダブルワークをしなければならないのか疑問だ。

2　夫も家事や子育てに協力しなければならない。

3　ダブルワークしなければならないほど生活が苦しいのはかわいそうだ。

4　この主婦は、生活水準がいい方で、夫はダブルワークしなくてもいい。

問題 7 右のページは「フィットネスセンターの利用案内」である。下の質問に
答えなさい。答えは、最もよいものを１・２・３・４から一つ選びなさい。

> ハンさん(30歳)は、フィットネスセンターで平日2、3 日くらい運動をしようと思
> っています。できれば、その時温泉にも入りたいと思っています。

38 初めて行った時、フィットネスセンターと温泉に入ったらいくらかかるか。

1　400円

2　600円

3　700円

4　900円

39 一週間で2 回行った場合、どの組み合わせにするのが一番安いか。

1　AとC

2　CとD

3　AとCとE

4　AとBとC

最新マシン設置！健康づくりのお手伝いを

【利用時間】　午前9時30分から午後10時

【定休日】　毎月第1月曜日

【利用料金】

フィットネスセンター	A 一般　1回　300円
	学生(中学生以下)　1回　100円
プール	B 一般　1回　200円
	学生(中学生以下)　1回　100円
温泉	C 1回　100円

一般の方は定期利用もぜひご利用ください。(中学生以下の定期料金はありません)

	フィットネスセンター	プール	セット
1ヶ月	D 5000円	E 3000円	F 7500円
3ヶ月	14000円	8500円	21300円
6ヶ月	27000円	16200円	40500円

【利用規則】

・フィットネスセンターを初めてご利用の方は、初回講習を受けていただきます。

　初回講習は1回45分、300円でございます。講習内容は、準備運動のやり方、器具の使い方、運動する際の注意事項の説明などです。

・トレーニングウエア、室内用シューズ、汗ふきタオルは必ずご用意ください。

・定期利用の方は、ご利用の際、利用者カードを受付にご提示願います。

・貴重品はフィットネスジム内の小型ロッカーに入れて頂くか、お持ちください。

・その他、詳しい利用規則は、施設内の案内掲示板をご覧ください。

※運動中は必ず飲み物を定期的に補給して、休憩を入れながら無理せず行ってください。

N3 모의테스트 1회

聴解
(60点・40分)

注意

1. 試験開始の合図があるまで、この問題用紙を開けないでください。

2. この問題用紙を持ち帰ることはできません。

3. 受験番号と名前を下の欄に、はっきりと書いてください。

4. この問題用紙は、全部で11ページあります。

受験番号	
名前	

問題1

問題1では、まず質問を聞いてください。それから、話を聞いて問題用紙の1から4の中から最もよいものを一つえらんでください。では、練習しましょう。

れい

1　1時45分
2　3時半
3　3時45分
4　4時

1番

1　12時に寝る
2　11時に家を出る
3　8時に出発する
4　7時に家を出る

2 番

1 ノートを貸してもらう

2 学校を休む

3 バイトに行く

4 木村さんと勉強する

3 番

1 モデムの電源を入れる

2 コンピュータとモデムを接続する

3 古いモデムを送る

4 新しいモデムを送る

4 番

1 ハンバーグ

2 晩御飯と同じ

3 玉子焼き

4 パン

5 番

1 期末テスト

2 修了式

3 帰国

4 表彰式

6 番

1 5時から

2 9時から

3 8時から

4 1時から

問題2

問題2では、まず質問を聞いてください。そのあと、問題用紙を見てください。読む時間があります。それから話を聞いて、問題用紙の1から4の中から最もよいものを一つえらんでください。では、練習しましょう。

れい

1 最近弁当が流行っているから

2 結婚を考えているから

3 田舎から材料が送られてきたから

4 男の人に食べてもらうため

1番

1 相手チームと相談する

2 6時半までに連絡する

3 みんなが来てから決める

4 食事をして終わる

2 番

1 旅館のカラオケBOXに行く

2 食事の後温泉に入る

3 部屋で自由に過ごす

4 旅館の近くの売店に行く

3 番

1 重要な資料を調べなかったから

2 女の人に資料を貸していたから

3 図書館で本が借りられなかったから

4 20枚書かなければならないから

4 番

1 見た目のいい物だけ使う

2 好きなものだけ入れる

3 食べ残さない量にする

4 食べた後の感想を聞く

5 番

1 必ずネクタイをする

2 着ている服で相手を覚える

3 失礼なので、携帯電話を使わない

4 携帯のストラップを変わったものにする

6 番

1 思い出を頭の中に入れておくもの

2 目から頭の中に入れておくもの

3 その時の気持ちを思い出にするもの

4 自分の成長を記録するもの

問題3

問題3では問題用紙に何もいんさつされいません。この問題は、ぜんたいとしてどんなないようかを聞く問題です。話の前に質問はありません。まず話を聞いてください。それから、質問とせんたくしを聞いて、1から4の中から最もよいものを一つえらんでください。では、練習しましょう。

- メ モ -

<ruby>問<rt>もん</rt></ruby><ruby>題<rt>だい</rt></ruby>4

<ruby>問<rt></rt></ruby>題4では、えを<ruby>見<rt>み</rt></ruby>ながら<ruby>質問<rt>しつもん</rt></ruby>を<ruby>聞<rt></rt></ruby>いてください。やじるしの<ruby>人<rt>ひと</rt></ruby>は<ruby>何<rt>なん</rt></ruby>といいますか。1から3の<ruby>中<rt>なか</rt></ruby>から<ruby>最<rt>もっと</rt></ruby>もよいものを<ruby>一<rt>ひと</rt></ruby>つえらんでください。では、<ruby>練習<rt>れんしゅう</rt></ruby>しましょう。

れい

1<ruby>番<rt>ばん</rt></ruby>

2 番
ばん

3 番
ばん

問題5

問題5では、問題用紙に何もいんさつされていません。まず、文を聞いてください。それから、そのへんじを聞いて、1から3の中から、最もよいものを一つえらんでください。では、練習しましょう。

- メ モ -

N3 모의테스트 2회

言語知識(文字·語彙·文法) · 読解

(120点 · 100分)

注意

1．試験開始の合図があるまで、この問題用紙を開けないでください。

2．この問題用紙を持ち帰ることはできません。

3．受験番号と名前を下の欄に、はっきりと書いてください。

4．この問題用紙は、全部で26 ページあります。

受験番号	
名前	

問題1　________のことばの読み方として最もよいものを、1・2・3・4
　　　　から一つえらびなさい。

1　お腹が痛くて内科医院でみてもらった。

　　1　ぎえん　　　　2　ぎいん　　　　3　いえん　　　　4　いいん

2　夏休みももう終わり、三日後には登校する。

　　1　とうこう　　　2　とこう　　　　3　とうきょう　　4　ときょう

3　二十歳になってやっと世の中のことが少し分かってきた。

　　1　せ　　　　　　2　せい　　　　　3　よ　　　　　　4　よう

4　実りの秋がやってきた。

　　1　いかり　　　　2　あかり　　　　3　ひかり　　　　4　みのり

5　会場に人が大勢集まった。

　　1　かいば　　　　2　かいじょう　　3　かいぞう　　　4　かいしょう

6　明日から交通安全週間だ。

　　1　こつう　　　　2　こずう　　　　3　こうずう　　　4　こうつう

7　階段で転んでけがをした。

　　1　まなんで　　　2　ころんで　　　3　のぞんで　　　4　ぬすんで

8　ぼくもあなたと全く同じ考えだ。

　　1　ぜんく　　　　2　すべてく　　　3　まったく　　　4　みったく

問題2 ＿＿＿＿のことばを漢字で書くとき、最もよいものを、1・2・3・4
から一つえらびなさい。

9 数学の公式を<u>あんき</u>するのは大変なことだ。

  1 音紀   2 暗紀   3 音記   4 暗記

10 食後に風邪薬を<u>ふくよう</u>した。

  1 服用   2 福用   3 複用   4 副用

11 <u>ふく</u>引きで景品をもらった。

  1 幸   2 副   3 福   4 吹

12 今の気温は<u>ひょうてんか</u>三度です。

  1 氷点下   2 永点下   3 氷占下   4 永占下

13 去年の冬は<u>さいわいにも</u>雪はあまり降らなかった。

  1 良いにも   2 快いにも   3 幸いにも   4 辛いにも

14 飼い犬が子を三びき<u>うんだ</u>。

  1 飛んだ   2 産んだ   3 死んだ   4 込んだ

問題3　（　　　）に入れるのに最もよいものを、1・2・3・4から一つえら
　　　びなさい。

15 野球チームに（　　　）が出た。

　　1 人員　　　　　　2 定員　　　　　　3 欠員　　　　　　4 満員

16 体の調子はたいへん（　　　）である。

　　1 良好　　　　　　2 友好　　　　　　3 良心　　　　　　4 好評

17 駅の（　　　）口を探しても見つからなかった。

　　1 改訂　　　　　　2 開店　　　　　　3 開幕　　　　　　4 改札

18 ベッドの置場所を（　　　）した。

　　1 安定　　　　　　2 未定　　　　　　3 固定　　　　　　4 予定

19 円の（　　　）をはかってみた。

　　1 直線　　　　　　2 直径　　　　　　3 直接　　　　　　4 直角

20 私は工業（　　　）に住んでいる。

　　1 地味　　　　　　2 地帯　　　　　　3 時期　　　　　　4 時代

21 荷物をひもできちんと（　　　）。

　　1 ためした　　　2 なれた　　　　　3 むすんだ　　　　4 ぬすんだ

22 大雨で川の水が（　　　）。

　　1 たずねた　　　2 そだてた　　　　3 あふれた　　　　4 うまれた

23 私の趣味はテレビの（　　　）を見ることです。

1 マイク　　　　2 ドレス　　　　3 トイレ　　　　4 ドラマ

24 試験まで日が（　　　）。

1 あさい　　　　2 あつい　　　　3 ほしい　　　　4 ほそい

25 旅行代は（　　　）2万円はかかる。

1 ぜひとも　　　2 しばらく　　　3 およそ　　　　4 かなり

問題4　________に意味が最も近いものを、1・2・3・4から一つえらび
なさい。

26　重要な話は、会社がずっと赤字ということだ。

　　1　要点　　　　　2　要所　　　　　3　主要　　　　　4　必要

27　彼の提案に応じるかどうか苦心した。

　　1　努力　　　　　2　苦労　　　　　3　労力　　　　　4　疲労

28　先生から日本の歴史について習った。

　　1　おしえた　　　2　みまもった　　3　まなんだ　　　4　かれた

29　幸子さんと言えばまじめなイメージがうかぶ。

　　1　人気　　　　　2　印刷　　　　　3　想像　　　　　4　印象

30　アメリカまではおおよそ5時間ぐらいかかります。

　　1　やく　　　　　2　やがて　　　　3　すっかり　　　4　すっきり

問題 5　つぎのことばの使い方として最もよいものを、一つえらびなさい。

31　これから

1　これから雨が降り出した。

2　これからがんばりますのでよろしくお願いします。

3　これから見たことのないめずらしい作品でした。

4　これから学校を欠席したことがありません。

32　いやがる

1　社員を教育するにもコストがかかるので、それをいやがっている企業もあります。

2　もういやがる。あんな学校へはまったく行きたくない。

3　ほかの人にああだこうだと言われるのがいやがっている。

4　こんな人生はだれが何と言ってもいやがる。

33　すっきり

1　小さい子供ながらもすっきりしている。

2　子供なら親の言うことをすっきり聞きなさい。

3　先生のおっしゃることはすっきり言って全然わかりません。

4　夜、シャワーをあびて寝れば朝、すっきり目覚めることができます。

34 さす

1 庭にきれいな花がさしていた。

2 知らないことがあったらぼくにさしてください。

3 かさをさして歩いている人がたくさん見えた。

4 部屋の電気はちゃんとさしてください。

35 かわいそう

1 だれでも自分がかわいそうなものだ。

2 きれいでかわいそうな赤ちゃんをみるとさわりたくなる。

3 彼女はかわいそうな時計をつけていた。

4 ペットを捨てるなんて、かわいそうじゃありませんか。

問題 1　つぎの文の（　　　　　）に入れるのに最もよいものを、1・2・3・4
　　　　から一つえらびなさい。

1　A社の製品は安いの（　　　）B社の製品はすごく高い。

　　1　に対して　　　2　について　　　3　にかけて　　　4　にともなって

2　英語は就職（　　　）すごく役に立つ。

　　1　にそって　　　2　につれて　　　3　におうじて　　4　において

3　今週末から来週（　　　）ピカソの絵の展示会が開かれる。

　　1　にわたって　　2　にして　　　　3　にかけて　　　4　にこたえて

4　ペットを飼う（　　　）責任をもって世話をするべきだと思います。

　　1　上で　　　　　2　上に　　　　　3　上は　　　　　4　上を

5　彼の答えは正解ではないが、間違っているともちょっと（　　　）がたい。

　　1　言う　　　　　2　言わ　　　　　3　言い　　　　　4　言った

6　文法のほう（　　　）、日本語は難しい言葉ではない。

　　1　までいうと　　2　からいうと　　3　まですると　　4　からくると

7　私があなた（　　　）やりますから、あなたは顔だけ出してください。

　　1　のさいして　　2　のきっかけに　3　のかわりに　　4　のけいきに

8　東京までは車で3時間（　　　）かかると思います。

　　1　ぐらい　　　　2　ほどに　　　　3　ばかり　　　　4　だけ

9 お酒を（　　　）いると体に悪いですよ。

　1　のむだけ　　　　2　のんでばかり　3　のむくらい　　　4　のんでだけ

10 ちょっとやって（　　　）、とてもよかったです。

　1　みるなら　　　　2　みるから　　　　3　みたら　　　　　4　みれば

11 さっきから窓は（　　　）よ。

　1　あいてありました　　　　　　　2　あいていました

　3　あけていました　　　　　　　　4　あけておりました

12 A「カズオちゃん、宿題は終わったの。」

　　B「ううん、今している（　　　）なの。」

　1　まで　　　　　　2　くらい　　　　3　ばかり　　　　4　ところ

13 A「先生はいまどちらにいらっしゃいますか。」

　　B「4階の会議室（　　　）。」

　1　いらっしゃいます　　　　　　　2　にあります

　3　でございます　　　　　　　　　4　ございます

問題2　つぎの文の＿★＿に入る最もよいものを、１・２・３・４から一つえ
　　　　らびなさい。

（問題例）　　つくえの ＿＿＿ ＿＿＿ ＿★＿ ＿＿＿ あります。

　　　　　　　１　が　　　　　　２　に　　　　　　３　上　　　　　　４　ペン

（解答の仕方）

１．正しい文はこうです。

> つくえの ＿＿＿ ＿＿＿ ＿★＿ ＿＿＿ あります。
>
> ３　上　　２　に　４　ペン　１　が

２．＿★＿ に入る番号を解答用紙にマークします。

（解答用紙）　（例）　① ② ③ ●

14　人はだれでも ＿＿＿ ＿＿＿ ＿★＿ ＿＿＿ あいます。

　　１　守らない　　　　　２　事故に　　　　　３　と　　　　　　　４　交通ルールを

15　彼は会社 ＿＿＿ ＿＿＿ ＿★＿ ＿＿＿ 首になった。

　　１　一生懸命　　　　　２　いきなり　　　　３　仕事をしたが　　４　会社で

16　できた ＿＿＿ ＿★＿ ＿＿＿ ＿＿＿ 一つももらえなかった。

　　１　母から　　　　　　２　ばかりのパンは　３　ぼくは　　　　　４　おいしいが

17　Ａ「最近の天気はちょっとおかしいですね。」

　　Ｂ「そうですね。先週も ＿＿＿ ＿＿＿ ＿★＿ ＿＿＿ になるし。」

　　１　晴れ　　　　　　　２　雨が降っている　３　すぐに　　　　　４　かと思っていたら

18　Ａ「彼はどうしてあんなに怒っているのでしょうか。」

　　Ｂ「彼にいくら ＿＿＿ ＿＿＿ ＿★＿ ＿＿＿ にしては不思議ですね。」

　　１　聞いてみても　　２　明るい彼　　　　３　いつも　　　　　４　教えてくれないし

計画を立てよう

トマス

　私はいつもムダ使いをしてしまいます。お金があれば今すぐには使わないけど、必要以上のものを買ってしまいます。買うものが[19]、それ以外のものも買ってしまっていつも困っているんです。

　一ヶ月のおこづかいはだいたい決まっているので、一日に使うお金を決めてムダ使いしないようにすればいいと思います。その日、[20]次の日にださずに貯金したりためていけば自分のためになると思います。

　「物事を[21]計画を立てて行うことが必要だ」とありますが、その通りだと思います。計画をたてていればその通りにすすむので計画を立てるということは必要だと思いました。[22-a]物事をうまく行うのはとても[22-b]。うまくやるには自分で計画を立て、自分で実行しなければなりません。

　自分の弱いところに[23]なにもかもダメになってしまうでしょう。

---

[19]

1　決まっていても	2　決まらなくても
3　いくつあっても	4　何もなくても

20

1　使わなくても　　　　　　2　使わなければ

3　使うようにすれば　　　　4　使ってしまえば

21

1　うまくやったのに　　　　2　うまくやらないで

3　うまく行うには　　　　　4　うまく行っては

22

1　a　それで　　　　　　　b　たいへんでなければなりません

2　a　しかも　　　　　　　b　たいへんでしょう

3　a　なぜなら　　　　　　b　たいへんだからです

4　a　しかし　　　　　　　b　たいへんなことです

23

1　負けていては　　　　　　2　負けていないで

3　負けてほしくては　　　　4　負けてやらないで

問題 4　つぎの文章を読んで、質問に答えなさい。答えは、1・2・3・4から
　　　　最もよいものを一つえらびなさい。

メモ

タイスケへ

今日は学校どうだった？
今から美容院に行くけど、7時までには家に帰るわ。

野球チームの野村カズオ君から、今日の午後電話があったわよ。明日の試合に
ついて聞きたいということなの。これを読んだら彼に電話をしてね。午後6時
まで家にいるそう。電話番号は454の3555。

台所にあるクッキーを食べないでね - おじいちゃんにあげるものだから！

それじゃ、またあとで。

お母さんより

24　このメモの主な内容は何か。

　　1　タイスケは台所のクッキーを食べてはいけない。

　　2　タイスケは7時までにカズオ君に電話をかける。

　　3　タイスケは友だちと野球を見に行く予定だ。

　　4　タイスケのお母さんは6時までは家に帰る。

お見逃しなく！

ハンバーガー·ハウスの１週間スペシャル

10月21日（月）から10月27日（日）まで

ハンバーガーは100円です

チーズバーガーは120円です

そしてフライドポテトはわずか50円です

チーズバーガーを２個買うと、ドリンクを１杯無料でさしあげます！

ハンバーガー·ハウスへお越しください！

営業時間: 午前９時～午後８時

---

25 このポスターの目的は何か。

1 ハンバーガー·ハウスのオープン記念でハンバーガーを安く売っていることを宣伝する。

2 ハンバーガー·ハウスに来るすべてのお客さんにハンバーガーを無料でさしあげていることを宣伝する。

3 ハンバーガー·ハウスは１週間にわたって商品を安く売っていることを宣伝する。

4 ハンバーガー·ハウスは１週間にわたって営業時間が早くなったことを宣伝する。

　クランベリーと呼ばれる果物は、よく飲み物やジャムに使われます。最近アメリカの科学者が、クランベリーにはバクテリアが歯にくっつくのをさまたげる化学物質が含まれていることを発見しました。彼らは、クランベリージュースを飲むことで人々の歯の健康を向上させることができるかもしれないことを明らかにしました。ただしクランベリージャムをたくさん食べすぎるのはよくありません。なぜなら、それにはたくさんの砂糖が含まれているからです。

26　科学者たちは何を発見したか。

1　クランベリージャムは歯医者に人気があること

2　人々はクランベリージャムを食べすぎることが多いこと

3　クランベリージュースを飲むのは体重を減らすのに役立つこと

4　クランベリージュースは人の歯に良いかもしれないこと

　カズオは大学でイタリア語を勉強しています。彼の教授は毎週クラスの学生た
ちに、読んで日本語に訳すためのイタリア語の新聞記事を与えます。残念なこと
に、教授が選ぶ記事にはしばしば難しい単語が多く含まれており、カズオは時々
それらが退屈に思えてしまいます。しかし最近、カズオはイタリア語のウェブサ
イト上の記事を読み始めました。彼のお気に入りは、サッカーついてのサイトで
す。今では、カズオは自分の好きなことに関するものを読むことで、イタリア語
の練習ができるようになったのです。

27 カズオは最近何を始めたか。

1　インターネットでイタリア語のレッスンを受けること

2　インターネットでイタリア語の記事を読むこと

3　教授にサッカーに関する記事を求めること

4　新聞記事をイタリア語に訳すること

問題 5　つぎの文章を読んで、質問に答えなさい。答えは、1・2・3・4から最もよいものを一つえらびなさい。

28 ～ 30

　秋葉原といえば家電、ゲームやアニメ、フィギュアなどが好きな人たち、いわゆる「オタク」（※1）の聖地だ。しかし、最近は家電量販店（※2）や衣料品店が目につくようになった。

　あるカジュアル衣料品店では、メイド姿の店員が出迎え接客し、ジーンズなどの他にも、客のニーズに合わせてゲームやアニメのTシャツなども売られている。

　これまでは、不況の中でも秋葉原だけは独自のブームがあった。家電量販店の進出とともにそれが注目され、今や観光名所になった。「オタク」も「シブヤ系」などと同じように「アキバ系」と呼ばれ、以前のような暗いイメージはない。

　だが、オタクの集まる理由だった電子パーツ店、アニメ・ゲーム専門店は姿を消し、ここから生まれた店員がメイド姿で接客するカフェなども珍しいものではない。秋葉原の非オタク化が秋葉原独自のブームをなくしてしまった。このままでは、秋葉原が秋葉原でなくなってしまうような気がする。

（※1）オタク：ある事に過度に熱中している人
（※2）量販店：家電や衣料などの商品を、大量に入れて安く売る店

28 秋葉原がオタクの聖地である説明として正しいものはどれか。

1 秋葉原の人たちがゲームやアニメが好きだから

2 メイド姿の店員が接客してくれるから

3 ゲームやアニメのTシャツが売られているから

4 アニメやゲームの専門店が集まっているから

29 独自のブームとはどんなものか。

1 衣料品店でもゲームやアニメのキャラクターのものを売ること

2 メイドの服を着て街を歩くこと

3 家電量販店をつくって秋葉原を観光名所にすること

4 店員がメイド姿で接客するカフェがあること

30 非オタク化している点はどんな点か。

1 オタクがアキバ系と呼ばれるようになり、みんながあこがれるようになった
こと

2 秋葉原でゲームやアニメTシャツのほかにジーンズも売っていること

3 ゲームやアニメショップ、オタクが有名になり、観光名所になってしまった
こと

4 一般のものが秋葉原に進出し、秋葉原だけのものが一般化してきたこと

不況で、財布の中身が寒い中、今人気を集めているのが「立ち飲み屋」だ。狭い店内にイスはなく、カウンターにお客さんが並ぶようにお酒を飲む。どのお客さんも楽しそうだ。

立ち飲み屋の魅力はなんと言っても安さ。一品100円から高くても500円くらいのものが多い。また、隣にいる知らない人やお店の人と気軽に会話できるのもいい。以前からサラリーマンには知られていたが、女性が利用するようになってさらに人気に火がついた。

立って飲むという店の構造上、利用上の注意もある。来店する際(※1)は多くても3人くらいで。一人で飲んでいるお客さんもいるので、自分たちだけでわいわい(※2)騒がない。また、飲みすぎず、1時間くらいで店を出るようにしたい。男性はしつこく女性に話しかけたりするのもいけない。大人と大人のコミュニケーションの場なのだ。大衆居酒屋バーといったところだろうか。

(※1) 際: 時
(※2) わいわい: やかましく騒ぐこと

31 立ち飲み屋とはどんなところか。

1 立って飲まなければならないほど狭い店

2 立って飲まなければならないほど人気を集めている店

3 カウンターに並んで立って飲むスタイルの居酒屋

4 大衆居酒屋バーと呼ばれている所

32 立ち飲み屋のいい点とは何か。

1 安いので、財布を気にしないでいくらでも飲めるところ

2 安さと知らない人とでも話しやすい雰囲気

3 安い上に、知らない女性と話すことができる点

4 全品同じ値段で安く、店員さんも親切

33 立ち飲み屋に行くときどんなことに注意しなければならないか。

1 みんなが立ってカウンターで並んで飲んでいるので、足を踏まないようにする。

2 一人で飲みたいお客さんもいるので早く帰る。

3 サラリーマンがコミュニケーションをとる場なので、名刺を忘れない。

4 男性は一人でさびしいからといって、知らない女性にばかりに話しかけない。

問題6 つぎの文章を読んで、質問に答えなさい。答えは、1・2・3・4から最もよいものを一つえらびなさい。

34 ～ 37

　人生やビジネスにおける成功とは、誰もが手にしたいものである。しかしながら、それを手にすることができるのはごく一部の人たちで、①他の大部分の人たちはどこかで妥協(※1)しながら、あるいは夢を変えたり他の幸せを探しながら暮らしている。

　成功したい人が知っておかなければならないことに、成功する人たちには、ある程度の条件があるということだ。それは、まず夢があること。次に決してあきらめないこと。そして、それに向かって努力すること。この3つは②成功する人の絶対条件である。

　これらのほかに、成功する人たちにはいつも習慣的にしていることも多いという。皆さんも成功したかったら、以下の生活習慣を身に付け、実践(※2)するようにした方がよいだろう。

　　A　メモをとったり、スケジュール帳をつけたりする。
　　B　「好き嫌い」や「いい悪い」を考えずまずやってみる。
　　C　物事はポジティブ(※3)に考える。
　　D　一日の反省時間を設ける。
　　E　好奇心が強く、なににでも興味を持つ。

　成功している人たちは、これらの日常習慣を意識せずに行っているのである。また、成功に失敗はつきものだが、成功する人たちの多くが③失敗を失敗と思わないという。どういう意味かというと、そこから必ず何かを学んで自分のものにしているのだ。

　これらすべてをしたからといって必ず成功するとは言えないが、成功している人にこういったことをしている人が多いということも④忘れてはいけない。誰もが一度は夢見る成功も、「ただ運がよかっただけ」などというものはないのだ。

（※1）妥協: 二人の意見の一致点をまとめること
（※2）実践: 実際に自分で行うこと
（※3）ポジティブ: 積極的

68

34 ①<u>他の大部分の人たちはどこかで妥協しながら、あるいは夢を変えたり他の幸せを探しながら暮らしている</u>とあるが、どうしてか。

1 いつも習慣的にしていた方が良いから

2 人生やビジネスにおける成功とは、誰もが手にしたいものであるから

3 成功することができるのはごく一部の人たちだから

4 物事をポジティブに考えているから

35 ②<u>成功する人の絶対条件</u>とあるが、もっとも正しいものは何か。

1 何でもやる前から決めずに、まずやってみる。

2 何でもやってみて、失敗を失敗と思わない。

3 夢をあきらめず努力すること

4 正しい生活習慣を身に付け実践する。

36 ③<u>失敗を失敗と思わない</u>というが、どういった習慣か。

1 Aをして、予定を忘れないようにする。

2 Eを実行して、Bをした後で、それからどうするか考える。

3 Cを実行しながら、Bをする。

4 Cを実行しながら、Dをする。

37 筆者は、何を④<u>忘れてはいけない</u>と言っているのか。

1 成功している人たちは、５つの習慣を行っている人が多い。

2 運だけで成功する人は存在しない。

3 成功できる人はごく一部でほとんどはそうではない。

4 ５つの習慣のすべてをしたからといって必ず成功するとは言えない。

問題7 右のページは横浜市営駐輪場の利用案内である。下の質問に答えなさい。答えは、最もよいものを1・2・3・4から一つ選びなさい。

> ワーキングホリデーで日本に来たアンナさんは、5月から駅ビルでアルバイトをすることになりました。家からそこまで自転車で行こうと思っています。アルバイトは週4日です。

38 バイト先から一番近い駐輪場を利用する場合、当てはまるものはどれか。

1 A

2 B

3 C

4 D

39 第1駐輪場を定期利用するためにはどうしたらいいか。

1 4月15〜25日に申し込み

2 4月20〜25日までに申し込み

3 7月15〜25日に申し込み

4 7月20〜25日までに申し込み

ようこそ横浜市営駐輪場へ

　横浜市営駐車場には、第１、第２駐輪場がございます。駅周辺施設をご利用の方や通勤で交通機関ご利用の皆様は、放置自転車ゼロの街をつくるために施設のご利用をお願いいたします。

	第1駐輪場	第2駐輪場
施設	**A** 地下有料駐輪場 自転車　　　1日　　100円 原付　　　　1日　　150円	**B** 屋外無料駐輪場（屋根なし）
収容台数	自転車250台、原付150台	自転車400台、原付100台
所在地	駅ビル地下1階	駅北側徒歩5分

【定期利用】

１ヶ月、３ヶ月定期利用：毎月20〜25日まで受付(午前9時〜午後20時30分まで)、先着順。

利用期間	**C** １ヶ月	**D** ３ヶ月
自転車	1500円	4000円
原動機付自転車	2000円	5000円

　(4月現在、3ヶ月分まで定期利用は定員となっております)

定期利用期限が終わる方へのお知らせ

続けて利用したい場合は、期限が終わる月の15日から25日までの間に必ず手続き(使用料金のお支払い)をしてください。

【利用車種】

・自転車

・排気量125cc以下の原動機付自転車

【注意事項】

・危険ですので場内では自転車・原付を降りてください。

・場内では原付のエンジンは停止してください。

・駐輪ゾーンを守ってご利用ください。

・盗難防止のため、ご利用の際は、必ずカギをかけてください。

・場内での盗難・破損・事故等について、当市は責任を負いません。

・利用期間から1週間以上放置されている車両は撤去する場合があります。

【お問い合わせ先】

横浜市営駐輪場管理課　〇3 - ×××× - 〇〇〇〇

N3 모의테스트 2회

聴解
(60点・40分)

注意

1. 試験開始の合図があるまで、この問題用紙を開けないでください。

2. この問題用紙を持ち帰ることはできません。

3. 受験番号と名前を下の欄に、はっきりと書いてください。

4. この問題用紙は、全部で11ページあります。

受験番号	
名前	

問題1

問題1では、まず質問を聞いてください。それから、話を聞いて問題用紙の
1から4の中から最もよいものを一つえらんでください。

1番

1　カバンを探す

2　家を探す

3　携帯を貸す

4　電話する

2番

1　郵便局

2　コンビニ

3　スーパー

4　市内

3 番

1　45分

2　1時間

3　1時間15分

4　1時間30分

4 番

1　今日

2　木曜日

3　金曜日

4　週末

5 番^{ばん}

1 15分後

2 30分後

3 1時間後

4 2時間後

6 番^{ばん}

1 7時

2 7時30分

3 7時45分

4 8時

問題2

もん だい

N3-T2-07~12

問題2では、まず質問を聞いてください。そのあと、問題用紙を見てください。読む時間があります。それから話を聞いて、問題用紙の1から4の中から最もよいものを一つえらんでください。

1番

1 感動しなかったから

2 授業だったから

3 お酒を飲んでいたから

4 寝てしまったから

2番

1 全部おごってくれるから

2 取引先の紹介で断れないから

3 相手が大企業の社員だから

4 結婚したいから

3番

1　ビールだけ

2　刺身とビール

3　ビールと店員のお勧め

4　サラダとビール

4番

1　サークル活動や習い事をする

2　週末は家でゆっくり休む

3　1日か2日は誰かに悩みを話す

4　日曜の夜にストレスを解消する

5 <ruby>番<rt>ばん</rt></ruby>

1 <ruby>春<rt>はる</rt></ruby>になったら<ruby>冬服<rt>ふゆふく</rt></ruby>は<ruby>片付<rt>かたづ</rt></ruby>ける

2 <ruby>今<rt>いま</rt></ruby>すぐ<ruby>使<rt>つか</rt></ruby>わないものは<ruby>片付<rt>かたづ</rt></ruby>ける

3 バザーやフリーマーケットでは<ruby>買<rt>か</rt></ruby>わない

4 いつか<ruby>使<rt>つか</rt></ruby>うだろうと<ruby>思<rt>おも</rt></ruby>っても<ruby>捨<rt>す</rt></ruby>てる

6 <ruby>番<rt>ばん</rt></ruby>

1 <ruby>親<rt>おや</rt></ruby>が<ruby>子供<rt>こども</rt></ruby>に<ruby>勉強<rt>べんきょう</rt></ruby>を<ruby>教<rt>おし</rt></ruby>える

2 <ruby>親<rt>おや</rt></ruby>のいるところで<ruby>子供<rt>こども</rt></ruby>に<ruby>勉強<rt>べんきょう</rt></ruby>させる

3 <ruby>子供<rt>こども</rt></ruby>の<ruby>部屋<rt>へや</rt></ruby>で<ruby>勉強<rt>べんきょう</rt></ruby>させる

4 <ruby>親<rt>おや</rt></ruby>が<ruby>子供<rt>こども</rt></ruby>の<ruby>勉強<rt>べんきょう</rt></ruby>を<ruby>一緒<rt>いっしょ</rt></ruby>にする

問題3

問題3では問題用紙に何もいんさつされいません。この問題は、ぜんたいとしてどんなないようかを聞く問題です。話の前に質問はありません。まず話を聞いてください。それから、質問とせんたくしを聞いて、1から4の中から最もよいものを一つえらんでください。

- メ モ -

問題4

問題4では、えを見ながら質問を聞いてください。やじるしの人は何といいますか。1から3の中から最もよいものを一つえらんでください。

1番

2番

AIRLINES

問題5

問題5では、問題用紙に何もいんさつされていません。まず、文を聞いてください。それから、そのへんじを聞いて、1から3の中から、最もよいものを一つえらんでください。

- メモ -

N3　모의테스트 3 회

言語知識(文字·語彙·文法)・読解

(120点・100分)

注意

１．試験開始の合図があるまで、この問題用紙を開けないでください。

２．この問題用紙を持ち帰ることはできません。

３．受験番号と名前を下の欄に、はっきりと書いてください。

４．この問題用紙は、全部で26 ページあります。

受験番号	
名前	

問題1　________のことばの読み方として最もよいものを、１・２・３・４から一つえらびなさい。

1 火星の表面を<u>撮影</u>した。

1 そつえい　　2 さつえい　　3 そつげい　　4 さつけい

2 近くの公園には美しい<u>湖</u>があり、人が大勢来る。

1 いけ　　2 のき　　3 みずうみ　　4 なみだ

3 <u>急行</u>電車は10分後に来ます。

1 いそぎゆき　2 きゅうゆき　3 きゅうこう　4 いそぎこう

4 研究所の<u>作業</u>を見学に行った。

1 さくぎょう　2 さっきょう　3 さぎょう　　4 さっぎょう

5 <u>係り</u>の人が、親切に案内してくれた。

1 となり　　2 あかり　　3 しかり　　4 かかり

6 <u>苦しい</u>かもしれないが、君はもっと上をねらうべきだ。

1 ただしい　　2 くるしい　　3 けわしい　　4 きびしい

7 ２時間の授業がやっと<u>終わった</u>。

1 おそわった　2 すわった　　3 おわった　　4 かわった

8 日が海の向こうに<u>沈んで</u>いた。

1 からんで　　2 あそんで　　3 ころんで　　4 しずんで

問題2 ＿＿＿＿のことばを漢字で書くとき、最もよいものを、１・２・３・４
から一つえらびなさい。

9 今年もがんばろうと<u>けっしん</u>した。

1 欠心　　　　2 決心　　　　3 結心　　　　4 訣心

10 友だちは学校の<u>いいん</u>として活躍している。

1 委員　　　　2 李員　　　　3 委円　　　　4 委院

11 指先から<u>ち</u>が出た。

1 皿　　　　2 瞳　　　　3 血　　　　4 涙

12 父は作業をすませて<u>どうぐ</u>をかたづけた。

1 銅具　　　　2 堂具　　　　3 導具　　　　4 道具

13 冬は牛乳を<u>あたためて</u>飲む。

1 温めて　　　　2 暖めて　　　　3 緩めて　　　　4 穏めて

14 いつも<u>めいわく</u>ばかりかけてすみません。

1 明惑　　　　2 名惑　　　　3 迷惑　　　　4 鳴惑

問題3　（　　　　）に入れるのに最もよいものを、1・2・3・4から一つえらびなさい。

15 横断歩道の手前で一時（　　　）した。

　　1 停車　　　　2 発車　　　　3 出発　　　　4 停留

16 本物とにせ物とを（　　　）するのはなかなか難しい。

　　1 区間　　　　2 区別　　　　3 区域　　　　4 地区

17 自転車を買う（　　　）をためた。

　　1 作用　　　　2 用法　　　　3 引用　　　　4 費用

18 みんなで一番よい（　　　）を考えた。

　　1 方法　　　　2 両方　　　　3 片方　　　　4 四方

19 一等の（　　　）は百万円です。

　　1 集金　　　　2 黄金　　　　3 賞金　　　　4 賃金

20 今度のテストは（　　　）がある。

　　1 自身　　　　2 自信　　　　3 自分　　　　4 自覚

21 兄は自動車の工場で（　　　）いる。

　　1 つとめて　　2 はたらいて　3 うごいて　　4 かさねて

22 壊れたコンピュータを（　　　）もらった。

　　1 なおして　　2 おろして　　3 たおして　　4 くらして

23 娘は父から誕生日に赤い（　　　　）を買ってもらった。

1　ワンピース　　2　ワイシャツ　　3　ポケット　　　4　サイレン

24　（　　　　）友だちと別れるのはつらい。

1　くるしい　　　2　きびしい　　　3　したしい　　　4　さびしい

25　先週より（　　　）寒くなった。

1　ただ　　　　　2　たとえ　　　　3　だいぶ　　　　4　たしか

問題 4 ＿＿＿＿＿に意味が最も近いものを、1・2・3・4から一つえらび
なさい。

26 去年より給料が5％あがった。

1 家賃　　　　　2 材料　　　　　3 賃金　　　　　4 賞金

27 お客様、ご用は何ですか。

1 用意　　　　　2 作用　　　　　3 事件　　　　　4 用件

28 高校の担任の先生の名前は覚えていますか。

1 記述して　　　2 記憶して　　　3 自覚して　　　4 視覚して

29 エチケットについて書いた本を買った。

1 儀式　　　　　2 会議　　　　　3 礼儀　　　　　4 議員

30 おそらく彼も同窓会に来るでしょう。

1 かならず　　　2 ぜひ　　　　　3 いつか　　　　4 たぶん

問題 5　つぎのことばの使い方として最もよいものを、一つえらびなさい。

31 ほとんど

1　この小説はほとんどあったことをもとに書いてある。

2　この会のメンバーはほとんど男である。

3　ほとんど10時に会議が始まるのでよく守ってください。

4　ほとんどのように朝起きて歯をみがいた。

32 へんじ

1　いくらメールを送ってもへんじがないから腹が立つ。

2　借金をへんじしても返してくれないから困る。

3　へんじの中に彼の手紙があってうれしかった。

4　年末になるとお世話になった人にへんじを書いたりする。

33 すく

1　時間がすいていたらちょっと話したいことがあるけど。

2　すいている道路を一台のバスが走っていた。

3　あながすいているから気をつけてください。

4　お腹がすいていて何か食べたい。

34 それほど

1 映画はそれほどおもしろくなかった。

2 彼はいい本をそれほど持っていた。

3 彼女はきれいだ。それほど頭もいい。

4 それほど子供が帰ってくるでしょう。

35 なるべく

1 なるべくのことにそなえて貯金をしている。

2 なるべく来週サッカーの決勝戦が開かれる。

3 明日はなるべく早く来てください。

4 いくらおもしろいといってもなるべくやりたくない。

問題1　つぎの文の(　　　)に入れるのに最もよいものを、1・2・3・4
　　　　から一つえらびなさい。

1　このすしはみんなおいしいと言うが、私（　　）おいしくないです。

　　1　にかけては　　2　にかわっては　3　にとっては　　4　においては

2　英語（　　）野村がクラスでいつも一番だった。

　　1　にかけては　　2　にそっては　　3　にさいしては　4　にしては

3　息子（　　）謝りますので、どうかおゆるしください。

　　1　にこたえて　　2　にくわえて　　3　にかわって　　4　にともなって

4　メールを確認した（　　）すぐお返事をいたします。

　　1　うえは　　　　2　うえに　　　　3　うえから　　　4　うえで

5　漢字は、一つずつ覚える（　　　）。一度には覚えられないですから。

　　1　しかありません　　　　　　　2　おそれがあります

　　3　にきまっています　　　　　　4　からほかないです

6　私が大学で勉強できるのも、両親の（　　　）と思います。

　　1　きっかけだ　　2　おかげだ　　3　きまりだ　　　4　せわだ

7　場所を移してお茶でも（　　）ゆっくり話しましょう。

　　1　飲むからには　2　飲んだすえに　3　飲みながら　　4　飲まずに

8　雨の降り（　　）天気だけど、かさを持っていかなくてもいいかなあ。

　　1　ような　　　　2　らしい　　　　3　みたいな　　　4　そうな

9 弟はいつもテレビを（　　　）寝てしまうから母に叱られる。

　1 つけるから　　2 つけすぎて　　3 ままつけた　　4 つけようとも

10 歴史の勉強をしに（　　　）京都のほうがいいと思います。

　1 行くなら　　　2 行くと　　　　3 行ったら　　　4 行けば

11 先生の話によると彼もマラソンに参加した（　　　）。

　1 のみたいだよ　2 そうだよ　　　3 らしいだよ　　4 のようだよ

12 A「海と山とどちらがいいですか。」
　　B「そうですね。海は遠いですから、今日は山に行く（　　　）。」

　1 にきまっていますよ　　　　　　2 かもしれません

　3 ようになりました　　　　　　　4 ことにしましょう

13 A「高橋さんも旅行に来ますか。」
　　B「ええ、前からずっと行きたいと言っていたのでとても（　　　）。」

　1 うれしがっています　　　　　　2 うれしかったです

　3 たのしがっています　　　　　　4 たのしかったです

問題2　つぎの文の＿★＿に入る最もよいものを、１・２・３・４から一つえらびなさい。

（問題例）　　つくえの ＿＿＿＿ ＿＿＿＿ ＿★＿ ＿＿＿＿ あります。

　　　　　　1　が　　　　　　2　に　　　　　　3　上　　　　　4　ペン

（解答の仕方）

1．正しい文はこうです。

> つくえの ＿＿＿＿ ＿＿＿＿ ＿★＿ ＿＿＿＿ あります。
>
> **3　上　2　に　4　ペン　1　が**

2．＿★＿に入る番号を解答用紙にマークします。

（解答用紙）　　（例）　① ② ③ ●

14　受付は ＿＿＿＿ ＿＿＿＿ ＿★＿ ＿＿＿＿ ください。

　　1　お問い合わせ　　2　そちらで　　　　3　前にあるので　　4　1階の玄関の

15　もう ＿＿＿＿ ＿＿＿＿ ＿★＿ ＿＿＿＿ 飲みましょう。

　　1　移して　　　　　2　時間だから　　　3　店の終わりの　　4　場所を

16　先生の話では 勉強しないで ＿＿＿＿ ＿＿＿＿ ＿★＿ ＿＿＿＿ ということだ。

　　1　ばかりいると　　2　学生として　　　3　資格がない　　　4　遊んで

17　A「これは私に任せてください。」

　　B「前も ＿＿＿＿ ＿★＿ ＿＿＿＿ ＿＿＿＿ 信じられませんよ。」

　　1　とても　　　　　2　そう言って　　　3　あなたのことは　4　失敗したこともあるし

18　A「これは 誰にも ＿＿＿＿ ＿＿＿＿ ＿★＿ ＿＿＿＿ ください。」

　　B「はい、分かりました。」

　　1　いけない　　　　2　言わないで　　　3　ことですから　　4　言っては

 つぎの文章を読んで、文章全体の内容を考えて、 $\boxed{19}$ から $\boxed{23}$ の中に入る最もよいものを、 1・2・3・4から一つ選びなさい。

初めての温泉

サラ

　先週、日本の温泉に初めて行きました。東京から電車で3時間くらい行った箱根温泉という所です。そこは、日本でも $\boxed{19}$ で、旅館もあちこちにたくさんありました。私の国には、温泉やせんとうのようなものがあまりないので、日本の温泉は一度 $\boxed{20}$ と思っていました。 $\boxed{21\text{-}a}$ 、温泉に入ったことがないので入り方が $\boxed{21\text{-}b}$ 。周りの人を見てみると、みんな、はだかで温泉に $\boxed{22}$ 。私の国では、他の人の前ではだかになることはないので、ほんとうに恥ずかしかったです。お湯はちょっと熱かったですが、慣れたら気持ちよかったです。露天風呂にも入ってみました。外は寒かったので、露天風呂では、中にある温泉より長い時間入ることができませんでした。温泉に入った後、私の肌はほんとうにきれいになりました。日本人の温泉好きな理由が $\boxed{23}$ 。

$\boxed{19}$

　　1　いつでも行ける温泉の一つ　　　2　いろいろある温泉の一つ

　　3　どこでもある温泉の一つ　　　　4　有名な温泉の一つ

20

1　とうとう行った	2　行ってしまった
3　行ってみたい	4　やっと行った

21

1 a　すると	b　わかるようになりました
2 a　それで	b　わかるかもしれません
3 a　でも	b　わかりませんでした
4 a　だから	b　わかるでしょう

22

1　入っています	2　入るはずです
3　入りたがります	4　入ったはずです

23

1　わかってくれるのです	2　わかることができます
3　わかってほしいのです	4　やっとわかりました

問題４　つぎの文章を読んで、質問に答えなさい。答えは、１・２・３・４から
　　　　最もよいものを一つえらびなさい。

名古屋中学校

ブラスバンドコンサート

名古屋中学校のブラスバンドコンサートを見に来てください！
有名なトランペット奏者である
杉本準一氏と共演します。

●日付: １月８日（火）

●場所: サクラスタジアム

●時間: 午後７時〜午後９時

チケット価格: 1000円

サクラ公園の近くにある

チケットピアでチケットを買ってください。

くわしくは岡本先生までお願いします。

24　このポスターの内容について、正しいのはどれか。

１　杉本準一さんは名古屋中学校に通っている。

２　１時間の公演でチケットは1000円である。

３　公演のチケットはサクラ公園で買える。

４　中学生のブラスバンドと有名な奏者が一緒に共演する。

2011年 2月 5日

　　おばあちゃんとおじいちゃんへ

　大阪の天気はどうですか。ぼくたちは昨日シドニーに到着しました。ホテルか
ら電話をしたのですが、おばあちゃんとおじいちゃんは家にいませんでした。
　飛行機が遅れたので、とても疲れました。ぼくたちは早く寝ました。
　今日、動物園に行きましたが、そこにはおもしろい動物がたくさんいました。
ぼくはコアラがとても気に入りました。動物園にはバスや電車でも行くことがで
きますが、ぼくたちはフェリーに乗りました。景色を楽しむにはフェリーが一番
良い方法だと思ったからです。
　お母さんはシドニーのオペラ・ハウスでコンサートをとても見たがっていました
が、チケットを取ることができませんでした。だから明日は有名な庭園を訪れる
予定です。
　それでは、また。

　　　　　　　　　　　　　　　　　　　　　　　　　　　　愛をこめて
　　　　　　　　　　　　　　　　　　　　　　　　　　　　ミドリ

---

25 この手紙の内容について、正しいのはどれか。

1　ミドリのお母さんはオペラ・ハウスでコンサートを見た。

2　ミドリのおばあちゃんとおじいちゃんは今、日本にいる。

3　明日はフェリーに乗って有名な庭園に行くつもりだ。

4　ミドリは今日、コアラしかいない動物園に行った。

　スーザンはカナダ出身です。広島にいるユミとユミの家族のところに滞在しています。スーザンは今年4月に日本へ来て、来年の3月にカナダへ戻ります。

　スーザンとユミは中学校で同じクラスにいますが、入っているクラブは違います。ユミはバレーボール部に入っています。月曜日から金曜日まで練習があり、週末もあります。でもスーザンは、月曜日の午後だけクラブに行きます。スーザンは茶道部に入っています。そこへ行くのは、日本の文化について学びたいと思っているからです。茶道を習うのは難しいのですが、山田先生は親切にしてくれます。スーザンは先生のことが好きです。

　ある日、山田先生は茶道の練習をビデオテープで撮影し、テープをスーザンに渡しました。後で、スーザンはユミの家族と一緒に家でビデオを見ました。スーザンはカナダにいる家族にビデオを送りたいと思っています。

26 本文の内容について、正しいのはどれか。

1 スーザンは茶道をしているようすを自分で撮影して、ユミの家族と一緒に見た。

2 スーザンとユミは学校で、同じクラブだが、クラスは違う。

3 スーザンは一年間日本にいるつもりで、日本の文化を学びたがっている。

4 スーザンは、思ったより茶道はあんまり難しくないと思っているようだ。

　この前の２月、ヤンさんは家族と一緒に日本を訪れました。旅行の２日目に、ヤンさんのお父さんが中華街を見たがったので横浜へ行きました。中華街には、たくさんのレストランやおもしろい店がありました。みんなは中華街を見て回って楽しみました。ヤンさんは学校の友だちのために、いくつかプレゼントを買いました。

　みやげ物屋にいったとき、ヤンさんはある音楽を聞き、通りにたくさんの人がいるのを見ました。「あれは何ですか」とヤンさんは店主にたずねました。「獅子舞だよ」と店主は言いました。

　ヤンさんと店主はその通りを見るために外に出ました。ヤンさんは、ライオンの衣装の中に二人の人が入っているのを見ました。「ライオンの中では二人の人が踊っているんだよ」と店主は言いました。ライオンはとてもカラフルでした。ライオンとともに、３人の音楽家もいて、大きな音で音楽を演奏していました。店主は、「ライオンがカラフルで音楽の音が大きいのは、怪物がそういったものを嫌うからだよ」と言いました。

---

27 この本文の内容について、正しいのはどれか。

1　ヤンさんのお父さんが中華街を見たかったので横浜へ行った。

2　ヤンさんは店にいる人たちのために横浜でプレゼントを買った。

3　獅子舞は横浜で売っているライオンの形をしたものである。

4　大きい音で演奏するのはライオンがそれをいやがるからである。

問題5　つぎの文章を読んで、質問に答えなさい。答えは、1・2・3・4か
　　　　ら最もよいものを一つえらびなさい。

28 ～ 30

「書道」は、学校の授業で勉強するもので、とめ・はねなどの日本語を書くと
きの基本、伝統文化、漢字を覚えるため、集中力をつけるためなどが目的で行わ
れている。よって、地味で暗い、つまらないなどのイメージが強かった。
　ところが、最近は書道がブームだそうだ。書道パフォーマンスと呼ばれるイベ
ント性の強い書道が高校の部活動(※)などで取り入れられている。
　その書道パフォーマンスの特徴に、動きがあることだ。書道とは、一筆一筆丁
寧に書くことが大切だが、これは集団演技で、単に書くだけではなく、そこにダ
ンスと音楽が加わる。色も黒だけでなく、赤、黄色、オレンジなど様々だ。
　日本の伝統文化がこうして形を変えて、若者たちにかっこいいものとして受け
入れられるというのもいいものだ。

（※）部活動: サークル活動

102

28 学校で書道を習う目的は何か。

1 とめ・はねなど、日本語の基本ができていないから

2 日本語の特徴を勉強し、集中力をつけるため

3 日本の伝統文化のイメージを変えるため

4 日本の伝統文化がブームだから

29 どうして書道がブームになったのか。

1 地味で暗く、つまらないイメージが変わったから

2 日本の伝統文化を若者たちがかっこいいと思っているから

3 新しい書道が部活になり、イメージが良くなったから

4 書道のイベントがたくさん行われるようになったから

30 書道パフォーマンスとはどんなものか。

1 とめ・はねなどより、動きを重要視して、見た目をよくした書道をすること

2 一筆一筆集中して丁寧に書いて見せるパフォーマンス

3 音楽と一緒にみんなで演技をしながら筆を作ること

4 若者たちにかっこいいと思われるように黒だけでなくオレンジや赤などで書

くこと

　睡眠も、科学的に研究されていて、レム睡眠とノンレム睡眠があることがわかっている。眠りにつくと、まずノンレム睡眠になり、次にレム睡眠へと移る。これが90分周期で一晩に4、5回くらい交互に(※1)繰り返される。

　ノンレム睡眠とは、簡単に言うと脳が眠っている状態だ。そのため、夢は見ない。このノンレム睡眠がさらに深くなると、呼吸回数・脈拍は少なくなり、体を支える(※2)筋肉のみ働いているような状態になる。

　レム睡眠とは、体は眠っているが、脳だけ起きているような浅い状態の眠りだ。夢を見るのはこの時だ。レム睡眠の時には、体の力が完全に抜けているが、眼球は動いている。呼吸や脈拍は不規則である。浅い眠りなので、目が覚める準備をしている状態でもある。

　夢の途中で目が覚めたり、眠っているような眠っていないような状態の時は、レム睡眠から覚めそうで、ぐっすり眠っていない状態ということだ。ぐっすり眠るためにレム・ノンレム睡眠をつなげていくということが大切だ。

（※1）交互に: 交替して物事を行うこと
（※2）支える: 倒れたり落ちたりしないようにする

31 ノンレム睡眠とはどんなものだと言っているか。

1 目は開いているが脳が眠っている状態

2 脳が眠っていて呼吸もしていないので死んでいるような状態

3 夢は見るがぐっすり眠っている状態なので覚えていな状態

4 深い睡眠の状態で、夢も見ないし脳も眠っているような状態

32 レム睡眠とはどんなものだと言っているか。

1 意識がはっきりしていて、体だけが眠っているような状態

2 夢は見ているが、体も脳も眠っている状態

3 眠ってからすぐになる深い眠りの状態

4 体に力が入っていなくて、眠りの浅い状態

33 睡眠とはどんなものだと言っているか。

1 科学的にまだよく研究されていないので、睡眠中に見る夢についてはまだ分からない。

2 研究によると、一回の睡眠でノンレム睡眠とレム睡眠が一回ずつ起こることがわかっている。

3 寝てからまずレム睡眠になって、その後ノンレム睡眠になる。

4 90分ぐらいずつでノンレム睡眠とレム睡眠状態が繰り返される。

問題6 つぎの文章を読んで、質問に答えなさい。答えは、1・2・3・4から最もよいものを一つえらびなさい。

34 ～ 37

　みなさんは、初対面の人やあまり親しくない人とでもいつもと変わらずに話すことができますか。
　緊張しすぎる、人と話すのがこわい、デートでの沈黙(※1)がこわいなどといった心理的なものから、上司から「何を言っているのかさっぱり分からない」とよく言われる、職場の若い人とどうも話が合わない、なぜか自分が話し終わった後に話が切れてしまうなど、問題は人によって様々です。
　しかし、そんな方でも①心配する必要はありません。ちょっとしたコツ(※2)をつかんで、トレーニングすれば自信を持って話すことができるようになります。そのコツとは、以下のものです。

　A　普段話しているより、ちょっと高い声で元気にあいさつする
　B　自分の弱い部分もおもしろく話すことができる
　C　アイコンタクト(※3)をきちんと取る
　D　相手の話にちゃんと反応する
　E　相手の話に共感する

　会話が上手な人は、これらがきちんとできている人です。といっても、②すべてをすぐ実行に移すのは難しいものです。初めのうちはリラックスできるようにしましょう。おもしろいことを言わなきゃとか、沈黙しちゃダメだなどと自分にプレッシャーをかけてはいけません。また、相手の話を「へぇ、そうなんだ」などとただ聞くのではなく、「大変だったね。それでどうしたの？」など、「どう・どんな」などを使った質問をして、自分が話すより相手に話してもらうように心がけましょう。楽しい会話を覚えると人と会うことも楽しくなります。③ぜひ身に付けてほしいものです。

（※1）沈黙: 口をきかないこと
（※2）コツ: やり方
（※3）アイコンタクト: 目と目によるコミュニケーション

34 ①心配する必要はありませんとあるが、どうして心配する必要はないのか。

1 そのうち会話上手になることができるから

2 会話上手になる方法は簡単ですぐにできるから

3 会話上手になるにはノウハウがあってそれを守ればできるから

4 自信を持てば会話上手になるから

35 ②すべてをすぐ実行に移すのは難しいとあるが、では、いったいどうすればいいといっているか。

1 Aをいつもする。

2 誰にでも話せるBを考える。

3 CをしながらDをする。

4 DもしながらEをする。

36 会話が上手な人についてもっとも正しく説明しているのはどれか。

1 いつもきちんとあいさつをして、相手の目を見ながらおもしろい話だったら笑う。

2 相手が話しているときには「うん、うん」と答えながら話し終わるのを待つ。

3 相手の話を聞きながら「本当？」などと言って、さらに続きがどうかを聞くことができる。

4 相手を見ながら、なるべくおもしろく自分の得意な話をするようにする。

37 ③ぜひ身<ruby>身<rt>み</rt></ruby>に付けてほしいものですとあるが、ここで言いたいことはどんなことか。

1　会話上手は自分が話すより相手に話してもらうようにしているから、がんばってほしい。

2　楽しい会話を覚えると人と会うことも楽しくなるので、会話上手になってほしい。

3　5つのことがすべてできると初対面の人とでも上手に話すことができるから忘れないでほしい。

4　初めて会う人でもリラックスできるようになってほしい。

問題7 右のページは夏祭りのポスターである。下の質問に答えなさい。答えは、最もよいものを１・２・３・４から一つ選びなさい。

留学生のコウさんは、アルバイトが終わってから夏祭りに行ってみたいと思っています。

アルバイトは午後７時までです。バイト先から中央公園まで15分くらいかかります。

38 コウさんが参加できるイベントはどれか。

1　(1) と (5)

2　(2) と (3)

3　(1) と (4)

4　(4) と (5)

39 ボランティアの仕事は何か。

1　参加者を集める

2　ダンス大会に出る

3　カラオケ大会の準備

4　ダンスを習う

ひまわり町内会夏祭り

　夏の暑さに負けない、活気のある、夏祭りが今年も行われます。歌、踊り、花火あり。また、食べ物や飲み物などの屋台も並ぶ予定です。皆様ぜひお友達、ご家族と一緒にご参加ください。

　また、当日のイベント参加者、ボランティアも募集しております。ボランティアの方にはイベントの準備を手伝っていただきたいです。（申し込み用紙記入）

　夏祭りを盛り上げるためにぜひご協力お願いいたします。（ボランティアの方の食事は準備させていただきます。）

【日時】平成22年 8月 6日（水）　午後6時〜10時

【場所】中央公園

【イベントの内容】

（1）　カラオケ大会	午後6時30分〜7時30分	（申し込み用紙記入）
（2）　ダンス大会	午後7時〜 8 時30分	（申し込み用紙記入）
（3）　盆踊り	午後9時〜 9 時30分	（どなたでもご参加できます）
（4）　花火	午後9時〜午後9時45分	
（5）　屋台	午後6時〜9時30分	
ボランティア	ステージスタッフのボランティア20名募集中。	
	午後5時〜10時までの間で希望する時間	

- -

ボランティア・イベント参加申し込み用紙

例）やまだひろし	090-1234-○○○○	ボランティア　イベント	ダンス大会

※ ボランティアの場合は希望時間もイベント参加の場合はどのイベントかを記入して
　　ください。

N3 모의테스트 3회

聴解

(60点・40分)

受験番号	
名前	

問題1　　　　　　　　　　🔊 N3-T3-01~06

問題1では、まず質問を聞いてください。それから、話を聞いて問題用紙の1
から4の中から最もよいものを一つえらんでください。

1番

1　土曜日と日曜日

2　来週の週末

3　金曜日

4　土曜日

2番

1　野菜を買って来る

2　野菜を切る

3　12時に集合する

4　テントを建てる

3 番

1 電話をする

2 お金を振り込む

3 シャトルバスに乗る

4 予約の確認をする

4 番

1 ご飯を食べる

2 コーヒーを飲む

3 本を買いにいく

4 近くの店を探す

5 番

1 男の人の会社に行く

2 Ｅメールを送る

3 お金を振り込む

4 打ち合わせをする

6 番

1 1週間後

2 2週間後

3 一ヵ月後

4 4月中旬

問題2

問題2では、まず質問を聞いてください。そのあと、問題用紙を見てください。読む時間があります。それから話を聞いて、問題用紙の1から4の中から最もよいものを一つえらんでください。

1番

1 びっくりさせたかったから

2 明るく見せたかったから

3 流行っているから

4 ふられたから

2番

1 資料がいるから

2 家の前がうるさいから

3 テスト前だから

4 家では集中できないから

3 番

1 料理が高いから

2 痩せたいから

3 嫌いなものがあったから

4 医者に言われたから

4 番

1 省エネの電球を使う

2 まとめ買いをする

3 安売りの時買う

4 無駄なことをしない

1 食事の量を少なくする

2 運動する

3 薬を飲む

4 規則正しい生活を送る

1 何があっても朝食を食べること

2 朝早く起きること

3 五分だけでもいいから長く寝る

4 トーストだけでもいいから朝食を取る

問題3

問題3では問題用紙に何もいんさつされいません。この問題は、ぜんたいとしてどんななないようかを聞く問題です。話の前に質問はありません。まず話を聞いてください。それから、質問とせんたくしを聞いて、1から4の中から最もよいものを一つえらんでください。

- メ モ -

問題4

問題4では、えを見ながら質問を聞いてください。やじるしの人は何といいますか。1から3の中から最もよいものを一つえらんでください。

1番

2番

ばん
3 番

ばん
4 番

問題5

問題5では、問題用紙に何もいんさつされていません。まず、文を聞いてください。それから、そのへんじを聞いて、1から3の中から、最もよいものを一つえらんでください。

- メ モ -

N3 모의테스트 4 회

言語知識（文字·語彙·文法）・読解
（120点・100分）

注意

１．試験開始の合図があるまで、この問題用紙を開けないでください。

２．この問題用紙を持ち帰ることはできません。

３．受験番号と名前を下の欄に、はっきりと書いてください。

４．この問題用紙は、全部で26ページあります。

受験番号	
名前	

問題1　________のことばの読み方として最もよいものを、1・2・3・4
　　　　から一つえらびなさい。

1 ラジカセの代金を払った。

1 だいきん　　　2 たいきん　　　3 だいこん　　　4 たいこん

2 家の都合で京都（きょうと）へ引っ越した。

1 とごう　　　　2 とうごう　　　3 つごう　　　　4 つうごう

3 ウィーンは、音楽の都といわれる。

1 みなと　　　　2 みやこ　　　　3 みちこ　　　　4 みなり

4 太平洋は大きな海だ。

1 だいへいよう　2 たいへいよう　3 だいびょうよう　4 たいびょうよう

5 後輩（こうはい）と地名（ちめい）の由来を調べた。

1 ゆうらい　　　2 ゆらい　　　　3 うらい　　　　4 ゆうぎ

6 小さい皿が三枚重なっている。

1 つらなって　　2 じゅうなって　3 かさなって　　4 ともなって

7 木（き）の葉（は）が落ち、秋が深まった。

1 あさまった　　2 ひろまった　　3 とおまった　　4 ふかまった

8 真っ赤な花が咲（さ）いている。

1 まっか　　　　2 まっあか　　　3 しっか　　　　4 しっあか

 ______のことばを漢字で書くとき、最もよいものを、1・2・3・4から一つえらびなさい。

9 天気の情報を知るためラジオ<u>ほうそう</u>を聞いた。

    1 紡送   2 防送   3 方送   4 放送

10 おじは<u>じもと</u>の有力者である。

    1 地元   2 地本   3 域元   4 域本

11 神社（じんじゃ）のおまつりの日、お守（まも）りを買った。

    1 お擦り   2 お際り   3 お祭り   4 お察り

12 <u>は</u>が痛くて医者にみてもらった。

    1 脳   2 歯   3 胸   4 胃

13 道に財布が落ちていて<u>ひろった</u>。

    1 持った   2 得った   3 拾った   4 捨った

14 <u>ようき</u>な人は人に好かれる。

    1 陽気   2 湯気   3 優気   4 易気

問題3　（　　　）に入れるのに最もよいものを、1・2・3・4から一つえらびなさい。

15　百メートル（　　　）で勝った。

1　歩道　　　　　2　競売　　　　　3　競走　　　　　4　徒歩

16　（　　　）には品物がいっぱい入っていた。

1　倉庫　　　　　2　創造　　　　　3　創立　　　　　4　創刊

17　隣の人に（　　　）をよせているのが人に知られてしまった。

1　意識　　　　　2　好意　　　　　3　批判　　　　　4　批評

18　（　　　）通りのうまいコーヒーだ。

1　警告　　　　　2　申告　　　　　3　広場　　　　　4　広告

19　近くにりっぱな（　　　）の本屋ができた。

1　書物　　　　　2　乗物　　　　　3　建物　　　　　4　飲物

20　薬の副（　　　）で苦労している。

1　作用　　　　　2　作法　　　　　3　作物　　　　　4　作品

21　パソコンについてはまだ（　　　）です。

1　上手　　　　　2　初期　　　　　3　上達　　　　　4　初歩

22　選手たちはみんな練習に（　　　）。

1　しらべた　　　2　つとめた　　　3　すすめた　　　4　ながれた

23 新学期の目標を（　　　）。

1　ぬけた　　　　2　まけた　　　　3　なげた　　　　4　きめた

24 僕の意見が（　　　）と思うけど、みんなは僕が間違っていると言っている。

1　すずしい　　　2　ただしい　　　3　たのしい　　　4　おかしい

25 先生、（　　　）に何が要りますか。

1　それなら　　　2　それでも　　　3　そのほか　　　4　それから

問題4 ________に意味が最も近いものを、1・2・3・4から一つえらび
なさい。

26 ノックもせずに入って来るなんて、<u>無礼</u>な人ですね。

1 失礼 　　　 2 礼儀 　　　 3 無言 　　　 4 無事

27 昨年までは銀行につとめていました。

1 今年 　　　 2 来年 　　　 3 去年 　　　 4 年末

28 レポートはもう<u>終わりました</u>。

1 いれました 　 2 すみました 　 3 くらしました 　4 くれました

29 もうそろそろスキーの<u>シーズン</u>になります。

1 現場 　　　 2 期間 　　　 3 時間 　　　 4 季節

30 10年ぶりに行った高校は<u>すっかり</u>変わっていた。

1 完全に 　　 2 全然 　　　 3 一度に 　　　 4 すっきり

問題 5 つぎのことばの使い方として最もよいものを、一つえらびなさい。

31 におい

1 へんなにおいがしたのでシャワーをあびた。

2 彼女に会うたびににおいと思った。

3 においが出てはいけないからちゃんとつつんでください。

4 頭からにおいが出て薬を飲んだ。

32 とうとう

1 男なら男らしくとうとうと戦いなさい。

2 何回も同じ実験をしてとうとう成功した。

3 とうとうあなたが言わないほうがいいと思うよ。

4 試験の日まではとうとう一週間残った。

33 まず

1 まずこんなことがあるなんて、信じられない。

2 まずはじめにあなたから発表してください。

3 時間がないので今日はまずここまでやります。

4 まず彼がうそをついたのにちがいありません。

34 ていねい

1 言い方は<u>ていねい</u>しているのに、汚い。

2 彼は製品について<u>ていねい</u>に説明してくれた。

3 教授は<u>ていねい</u>の方だったので感動した。

4 店員の話し方はとても<u>ていねい</u>した。

35 みつける

1 ひとり暮らしにとてもいい部屋を<u>みつけた</u>。

2 彼女の目を何も言わずに<u>みつけた</u>。

3 屋上から下を<u>みつけた</u>。

4 空を<u>みつけたら</u>飛行機が飛んでいった。

問題 1　つぎの文の(　　　　)に入れるのに最もよいものを、1・2・3・4から一つえらびなさい。

1　会社は社員の要求(　　　)ボーナスを10%上げた。

1　にこたえて　　2　にさいして　　3　にあたって　　4　にそって

2　科学の論文を書く(　　　)注意する点を教えます。

1　において　　　2　につれて　　　3　にくわえて　　4　にあたって

3　気温があがる(　　　)人々の服もうすくなった。

1　にかわって　　2　にしたがって　3　にくらべて　　4　にわたって

4　友だちの持っているあのカメラが欲しくて(　　　)。

1　ちがわない　　2　いかない　　　3　たまらない　　4　きめられない

5　勉強しなかったから試験に落ちる(　　　)。

1　にしょうがない　　　　　　2　に決まっている

3　にしかたない　　　　　　　4　にいたらない

6　仕事で海外に行く(　　　)いつもこのホテルに泊まります。

1　ところに　　　2　ばかりに　　　3　たびに　　　　4　おそれに

7　冗談(　　　)まじめに言ってください。

1　おきで　　　　2　ぬきで　　　　3　かけで　　　　4　さけで

8　部屋の中から子供が歌っている(　　　)が聞こえます。

1　こと　　　　　2　もの　　　　　3　の　　　　　　4　ところ

| 9 | 私は夕方（　　　）この仕事を終わらせます。

1　ぐらいか　　　2　ほどに　　　　3　まで　　　　　4　までに

| 10 | まじめな山田さんが毎日遅刻する（　　　）。

1　わけでしょう　2　はずがない　　3　ことになった　4　ようにした

| 11 | 親から私の成績と弟の成績を（　　　）。

1　くらべられた　2　くらべた　　　3　くらべさせた　4　くらべたがっている

| 12 | A「これ、部長にわたしてくださいませんか。」
　　　B「わかりました。あとで（　　　）。」

1　わたしてもらいます　　　　　　2　おわたしになります

3　わたしていただけます　　　　　4　おわたしします

| 13 | A「まだ日本へ行ったことがありませんが。」
　　　B「それじゃ、行った（　　　）話してください。」

1　つもりに　　　2　せいに　　　　3　つもりで　　　4　せいで

問題2　つぎの文の＿★＿に入る最もよいものを、１・２・３・４から一つえ
　　　　らびなさい。

（問題例）　つくえの＿＿＿＿ ＿＿＿＿ ＿★＿ ＿＿＿ あります。

　　　　　　　１　が　　　　　２　に　　　　　３　上　　　　　４　ペン

（解答の仕方）

１．正しい文はこうです。

> つくえの＿＿＿＿ ＿＿＿＿ ＿★＿ ＿＿＿ あります。
>
> ３　上　２　に　４　ペン　１　が

２．＿★＿に入る番号を解答用紙にマークします。

（解答用紙）　（例）　① ② ③ ●

---

14 先生からの ＿＿＿＿ ＿＿＿＿ ＿★＿ ＿＿＿ 聞いてみませんか。

　　１　彼に　　　　　　　２　宿題は　　　　　３　知っているから　４　山田さんが

15 この書類は ＿＿＿＿ ＿★＿ ＿＿＿＿ ＿＿＿ 終わらせてください。

　　１　部長からの　　　　２　お急ぎのものなので　３　５時までに　　４　すくなくとも

16 私も ＿＿＿＿ ＿＿＿＿ ＿★＿ ＿＿＿ 気になさらないでください。

　　１　ところなので　　２　そんなに　　　　３　いま　　　　　４　来た

17 A「映画はどうだったの。」

　　B「見た人たちには ＿＿＿＿ ＿＿＿＿ ＿★＿ ＿＿＿ 最低でした。」

　　１　よく聞くけど　　２　私にとっては　　３　という話を　　　４　おもしろい

18 A「昼ごはんを食べに行きましょうか。」

　　B「会社の前にある ＿＿＿＿ ＿＿＿＿ ＿★＿ ＿＿＿ 行きましょう。」

　　１　また今度　　　　２　さっき食べた　　３　ばかりなので　　４　レストランで

問題3　つぎの文章を読んで、文章全体の内容を考えて、[19]から[23]の中に入る最もよいものを、1・2・3・4から一つ選びなさい。

私の夢

インギョン

　私と、担任の野口先生との出会いは、自分の将来の道を決めるきっかけにもなった大きなできごとでした。それまでの私は、ただ良い会社に入るために日本語の勉強をしていました。[19-a]、特にこれといった[19-b]、宿題などをするだけで、自分からすすんで勉強したりすることはありませんでした。

　しかし、野口先生が担任になってから、日本語学校に行くのが[20]。先生は、[21]俳優のような演技とカリスマで、難しい日本語の授業でもみんなをひっぱって、クラスの雰囲気をもり上げてくれました。私は、[22]親しくなり、家に招待されて遊びに行ったり、先生が日本語の先生になったきっかけなどを聞いたりするうちに、私も日本語の先生になりたいと思うようになりました。

　今は、その目標に向かって、先生と一生懸命勉強しています。いつか私も先生のような学生に[23]先生になりたいです。

[19]

1　a　なぜなら　　　　　　　b　目標があるため

2　a　ですから　　　　　　　b　目標もなく

3　a　だが　　　　　　　　　b　一番の目標で

4　a　そして　　　　　　　　b　目標をたてて

20

1　楽しみになります　　　　2　楽しいことです

3　楽しみになりました　　　4　楽しかったでしょう

21

1　まさか　　　　　　　　　2　だから

3　まるで　　　　　　　　　4　かりに

22

1　そんな先生と　　　　　　2　そんなに先生と

3　こんな先生が　　　　　　4　このような先生が

23

1　尊敬してほしい　　　　　2　尊敬したい

3　尊敬される　　　　　　　4　尊敬する

問題4　つぎの文章を読んで、質問に答えなさい。答えは、1・2・3・4から最もよいものを一つえらびなさい。

　速く泳げるようになるためにはどうすればいいと思いますか。もちろん一番いい方法は、たくさん練習することです。それから、いい先生に教えてもらうことも大切です。ですが、それ以外にも泳ぐのが速くなる方法があります。

　それが、この新しい水着です。この水着を着ると、今までよりも速く泳ぐことができるんです。この水着を作るために、イギリスのスポーツ用品の会社は専門家と一緒に3年以上研究したそうです。今までは、水泳の試合には道具は関係ないと言われていました。ですが、今はいい水着がなければ試合で勝てないようになりました。ある日本人選手もこの水着のおかげでオリンピックで1位になりました。

　ですが、この水着は着たり脱いだりするのにとても時間がかかるそうです。ですから、スポーツ選手じゃない人が使うのは、ちょっと大変かもしれませんね。

24 本文の内容と合っているのはどれか。

1　今は、水泳の試合の結果と道具は関係がある。

2　この水着は日本のスポーツ用品の会社が作った。

3　この水着を着れば、必ずオリンピックで1位になれる。

4　この水着を作るのに1年間かかった。

＜div align="right"＞2011年11月26日＜/div＞

ヒロシへ

ハイキングに行ったときの写真を送ってくれてありがとう。

日本の山はきれいですね。楽しかったですか。

　毎年夏に、私は家族と一緒に大きな湖の近くでキャンプをします。とてもおもしろいですよ。私はお父さんと湖のまわりを歩くのが好きです。お父さんはいつも、そこにある木や花についていろいろと話してくれます。兄のトムは、湖でつりをするのが好きです。彼は昨年の夏、湖によくつりに行っていました。トムがたくさんの魚をつってきて、それを時々夕食で食べたこともあります。

　あなたがこの夏アメリカに来たとき、ぜひキャンプに行きましょうよ。トムはあなたとつりに行きたがっています。

またすぐに手紙をください。

＜div align="right"＞あなたの友だちナンシーより＜/div＞

---

25 この手紙の内容について、正しいのはどれか。

1　ヒロシとナンシーは一緒に日本の山にのぼったことがある。

2　いつもトムがつってくる魚で夕ご飯を食べる。

3　ナンシーのお父さんは植物についてくわしいようである。

4　ヒロシとトムは一緒につりに行ったことがある。

昨日は自己紹介の仕方や名刺の渡し方を練習しましたね。

　今日は、まずお客様の見送り方について説明します。仕事の話が終わって、お客様が帰るとき、「本日はありがとうございました」と言ってください。座っていたら、立ってから言うようにしてください。それから玄関まで一緒に行って、もう一度お礼を言います。ですが、そこで終わりではありません。お客様が歩いて帰る場合は、お客様がその場所から３メートルぐらい行くまで、待っていてください。車の場合は、お客様の車が見えなくなるまで待っていましょう。

　それでは練習してみましょう。

26　本文の内容と合っているのはどれか。

1　昨日も今日と同じ練習をした。

2　座ってお礼を言うほうが丁寧でいい。

3　お客様が帰るとき、お客様にお礼を言う。

4　仕事の話は立ったままましたほうがいい。

　今、ある中学校で特別な授業をしています。これはこの学校の校長先生のアイディアです。この授業では、学校の先生ではなくて、塾の先生に教えてもらいます。場所は学校ですが、夜、授業が終わってだれも使っていない時間に行います。料金はだいたい普通の塾の半分ぐらいです。ですが、この特別な授業はみんなが受けられるわけではありません。成績のいい学生だけが受けられるのです。つまり、もっと勉強したいけど、お金がなくて塾に行けない学生のための授業なのです。

27 この特別な授業はどんな学生のために行っているか。

1　成績は良いが、塾に行けない学生のため

2　成績は良くて、お金がある学生のため

3　成績は悪いが、お金がある学生のため

4　成績が悪くて、塾に行けない学生のため

問題 5　つぎの文章を読んで、質問に答えなさい。答えは、1・2・3・4か
　　　　ら最もよいものを一つえらびなさい。

28 〜 30

　最近流行している言葉に「婚活（※1）」というものがある。いわゆる、お見合い
などをしたり、少しでもいい条件の人と結婚できるように、自分自身に投資した
りするようなことを指して言う言葉だ。
　婚活のやり方としては、インターネットを利用している場合が多い。無料のお
見合いサイトに登録して、相手の条件を見ながら結婚相手を探す。経済的に負担
が少なくて済む（※2）し、気軽さも受けているのだ。
　しかし、「インターネット婚活」をした人たちの中には、なかなか相手が決
まらない人も多いという。無料なので、流行に流されている人や、今はそんなに
真剣に考えていないが、いい条件の人がいたら会ってみたいと思う程度の人な
ど、気軽さが反対に相手を探す難しさにもつながっている。
　結局はネットを使っても、お見合いをしても、結婚相手を探す難しさは、あま
り変わらないということだろう。

（※1）婚活: 結婚活動のこと
（※2）済む: いい

28 「インターネット婚活」のいい点はどんなところだと言っているか。

1　少しでも条件のいい人と結婚できること

2　流行しているので、多くの人と出会えるチャンスがあること

3　無料のサイトもあるので経済的に負担が少なくて済むこと

4　お見合いをしなくてもネットで探すだけで結婚できること

29 「インターネット婚活」の注意点はどんなところだと言っているか。

1　真剣に結婚する気がない人も大勢いること

2　いい条件の人があまりいないこと

3　無料のサイトではなく有料のサイトもあること

4　全部ネットでするので、相手と話せないこと

30 「インターネット婚活」とお見合いの共通点はどこか。

1　いい条件の人はなかなかいないところ

2　自分と合う相手を探すのが難しいところ

3　ネットもお見合いも自分に投資しなければならないところ

4　気軽にできるので、条件のいい人は人気があるところ

　新入社員になったら、はじめてのことだらけで、戸惑って(※1)しまうのは仕方がありませんが、それを少なくするためのいくつかの方法を紹介します。

　まず、笑顔で元気のよい挨拶をしましょう。挨拶をされて嫌な人はいませんから、そこから自然とコミュニケーションができ、人間関係もうまく作れるでしょう。

　また、仕事を教えてもらうときは、教えてくれる上司の話を素直に(※2)聞き、分からないことがあれば積極的に聞きましょう。

　それから大事な仕事を任されているのに、風邪で休んでばかりいられては上司や先輩も仕事を任せにくくなります。風邪など引かないように日々の体調管理はしっかり行っておきましょう。

　こうしてみてみると全て社会生活では基本的なことです。責任を持って自立した生活をしていれば全てできることです。失敗を恐れずにチャレンジしましょう。

(※1) 戸惑う: どうしていいか困る
(※2) 素直に: まじめに

31 新入社員の笑顔のいい点はどんなところだと言っているか。

1 他人にいい印象を与えて取引がよくなること

2 他人との話がうまくできて、人間関係がよくなること

3 元気そうに見えていろいろな仕事が任せられること

4 上司とのコミュニケーションができ、昇進が早くなること

32 新入社員の上司に対しての態度はどうしなければならないか。

1 分からないことは上司に聞かずに自分で調べるようにすること

2 上司の言うことは全てが正しいと認めること

3 上司の言うことをそのまま受け入れずに、いつも疑うこと

4 上司の教えをまじめに聞き、知らないことは必ず聞いてみること

33 新入社員が注意しなければならない点はどんなことだと言っているか。

1 毎日、少ない時間でも上司と一緒に運動するようにすること

2 病気のときは、無理に仕事をせず、上司に正直に言うこと

3 風邪を引いても仕事をあきらめずに最後までやる積極性

4 大事な仕事を任せられた時、それを最後までできる健康づくり

問題6 つぎの文章を読んで、質問に答えなさい。答えは、1・2・3・4
　　　から最もよいものを一つえらびなさい。

34 ～ 37

　　今の日本には、お金持ちにならなくても、①そこそこの(※1)生活ができればそれ
でいいというような考え方が広まっている。新入社員でも働き盛りの世代でも、
「課長くらいでいい、後は趣味の世界で生きるから」という人が増えた。そんな
に一生懸命仕事をしなくてもいいんじゃないかと。
　　「グローバル化」が重要だといわれてきたが、日本という島国から出て世界
に出ようという人も企業も少なくなっているのだ。②世界第二位の経済大国にな
り、豊かな生活をしていると思い始めた時から変わったように思う。
　　日本人は、「真面目」で「勤勉」というイメージが定着しているが、今では、
中国などの方が「真面目」で「勤勉」だ。しかも、そこそこの生活でもいいなど
ということは考えてもいない。
　　毎年8～10パーセント程度は経済成長している中国からみると、1パーセント
程度の日本は、成長しているのかどうかさえ分からないだろう。
　　これは危険なことだ。スポーツ選手と同じで、③ベテラン選手はピークを過ぎ
ると、④若手(※2)選手に抜かれるのを待つだけだ。追い越される(※3)時期を遅らせ
ることはできても、いつかは訪れる。個人でも企業でも成長しなくなったら後は
落ちて、追い抜かれる(※4)だけだ。それに気づいている日本人は果たしてどれほ
どいるのだろうか。⑤新しくもっと成長できる何かを探さなければならない。

（※1）そこそこの: 十分ではない
（※2）若手: 若くて元気のいい人
（※3）追い越す: 前に出る
（※4）追い抜く: ここでは前に出るという意味

144

34 ①<u>そこそこの生活ができればそれでいい</u>というような考え方が広まっているのは
どうしてか。

1　課長まで出世して、趣味の世界で生きている人が増えたから

2　経済大国になり、豊かに暮らしているから

3　一生懸命仕事をして、課長まで出世したから

4　仕事より趣味の世界の方が楽しいから

35 ②<u>世界第二位の経済大国</u>になった後の日本についての説明として正しいものはど
れか。

1　日本人が真面目で勤勉なうえに、もっといい生活をしたいと思っている。

2　グローバル化が重要視されてして海外に出る人や企業が増えた。

3　一パーセント程度の経済成長でも満足してしまっている。

4　新入社員も働き盛りの世代も趣味の世界に生きている。

36 ここで言う③<u>ベテラン選手</u>と④<u>若手選手</u>と同じものを指すものの組合わせとして
正しいものはどれか。

1　働き盛りの世代と新入社員

2　日本と中国

3　グローバル化した企業とそうでない企業

4　成長しない企業と成長しない個人

37 ⑤<u>新しくもっと成長できる何かを探さなければならない</u>とあるが、ここで筆者が

言いたいことは何か。

1　中国に追い越される時期を遅らせるために頑張らなければならない。

2　経済成長しなくなったら困る。

3　中国のように8〜10パーセントの経済成長をしなければならない。

4　中国にも負けない成長分野を見つけなければならない。

問題7 右のページはインターナショナル教育学校グループの奨学金制度の案内である。下の質問に答えなさい。答えは、最もよいものを1・2・3・4から一つ選びなさい。

ジョナさんは、インターナショナル教育大学に留学したいと考えています。国内でJLPTのN1レベルに合格し、奨学金試験を受けようと思っています。できれば働きながら奨学金ももらいたいと思っています。

38 ジョナさんが申し込むことができる奨学金はどれか。

1 （1）と（2）

2 （2）と（3）

3 （3）と（4）

4 （1）と（4）

39 ジョナさんが申し込むことができる奨学金の中で4年間最大いくらまで支給されるか。

1 120万円

2 125万円

3 160万円

4 170万円

インターナショナル教育学校グループ奨学金制度

インターナショナル教育大学	インターナショナル日本語教育専門学校
必要書類：パスポートのコピー 奨学金申込書 保証人の印鑑証明書	必要書類：パスポートのコピー 奨学金申込書 保証人の印鑑証明書

特別奨学金選抜試験

試験内容：日本語能力を見る筆記試験、面接

（1）特別奨学金対象生	（2）奨学金貸付制度対象生	（3）奨学金制度支給対象外

↓ 面接あり

（4）大学職員奨学金対象生

	内容
特別奨学金	4月 － 20万円　　10月 － 20万円 大学職員奨学金制度への希望者は、申込書記入、アルバイト紹介制度あり
奨学金貸付制度	4月 － 20万円　　10月 － 18万円 アルバイト不可能
大学職員奨学金	4月 － 20万円　　10月 － 20万円 JLPT「N1」レベル以上、特別奨学金対象生のみ（面接あり） 大学職員のアルバイトをしていただきます。（時給850円）

注意事項

・4年生は申し込むことができません。

・特別奨学金制度は、インターナショナル教育大学希望者のみ対象に行っております。

・保証人をお探しの方はこちらでも紹介できます。

N3 모의테스트 4회

聴解
(60点・40分)

注意

1. 試験開始の合図があるまで、この問題用紙を開けないでください。

2. この問題用紙を持ち帰ることはできません。

3. 受験番号と名前を下の欄に、はっきりと書いてください。

4. この問題用紙は、全部で11ページあります。

受験番号	
名前	

問題1

問題1では、まず質問を聞いてください。それから、話を聞いて問題用紙の1から4の中から最もよいものを一つえらんでください。

1番

1　バスで行く

2　地下鉄

3　歩いて行く

4　男の人と一緒に行く

2番

1　家でゴロゴロする

2　取引先に打ち合わせに行く

3　公園に行く

4　運動しに行く

1　飲みに行く

2　家にいる

3　駅前に行く

4　めいにご飯を作ってあげる

1　留学する

2　留学した人と一緒に勉強する

3　英文学科に入る

4　留学生と勉強する

5 番

1 Eメールで送る

2 来週の授業の日に持って来る

3 再来週の授業に持って来る

4 授業の日に発表する

6 番

1 花を贈る

2 花とカードを贈る

3 ３万円ずつあげる

4 デパートで買ったプレゼントをあげる

問題2

問題2では、まず質問を聞いてください。そのあと、問題用紙を見てください。読む時間があります。それから話を聞いて、問題用紙の1から4の中から最もよいものを一つえらんでください。

1番

1　おいしいものが食べたいから

2　財布をもらったから

3　ほしいものがないから

4　クリスマスにダイヤの指輪がほしいから

2番

1　女の人が買ったから

2　色がホワイトじゃないから

3　色がブラックとゴールドじゃないから

4　かっこいいと思わないから

3番

1 まだ予定が決まっていないから

2 もう終わってしまったから

3 募集期間がすぎてしまったから

4 希望者が多かったから

4番

1 旅行地の名前が入っているものを選ぶ

2 化粧品や香水にする

3 高すぎるものは選ばない

4 旅行地で記念のものを選ぶ

5 番

1　眠りたくないから

2　席に座れないから

3　時間を有効に使いたいから

4　勉強の時間がないから

6 番

1　後になっても忘れないように

2　社会人として成長したいから

3　アイディアを考えるため

4　細かい性格だから

問題3

問題3では問題用紙に何もいんさつされいません。この問題は、ぜんたいとしてどんなないようかを聞く問題です。話の前に質問はありません。まず話を聞いてください。それから、質問とせんたくしを聞いて、1から4の中から最もよいものを一つえらんでください。

- メ モ -

問題4

問題 4 では、えを見ながら質問を聞いてください。やじるしの人は何といいますか。 1 から 3 の中から最もよいものを一つえらんでください。

1 番

2 番

ばん
3 番

ばん
4 番

問題5では、問題用紙に何もいんさつされていません。まず、文を聞いてください。それから、そのへんじを聞いて、1から3の中から、最もよいものを一つえらんでください。

- メ モ -

정답 &
청해 스크립트

언어지식(문자 · 어휘)

問題1 [1] 4 [2] 1 [3] 2 [4] 2 [5] 3 [6] 1 [7] 4 [8] 2

問題2 [9] 4 [10] 1 [11] 3 [12] 2 [13] 3 [14] 2

問題3 [15] 4 [16] 3 [17] 3 [18] 2 [19] 4 [20] 3 [21] 1 [22] 4 [23] 1 [24] 2 [25] 4

問題4 [26] 4 [27] 1 [28] 2 [29] 4 [30] 3

問題5 [31] 2 [32] 1 [33] 4 [34] 3 [35] 2

언어지식(문법) · 독해

問題1 [1] 1 [2] 1 [3] 3 [4] 2 [5] 1 [6] 2 [7] 3 [8] 4 [9] 1 [10] 3 [11] 4 [12] 3 [13] 2

問題2 [14] 3 [15] 3 [16] 4 [17] 3 [18] 2

問題3 [19] 4 [20] 1 [21] 3 [22] 3 [23] 4

問題4 [24] 1 [25] 4 [26] 1 [27] 2

問題5 [28] 4 [29] 4 [30] 1 [31] 3 [32] 4 [33] 4

問題6 [34] 4 [35] 1 [36] 1 [37] 3

問題7 [38] 3 [39] 1

청해

問題1 1 3 2 4 3 4 4 3 5 1 6 2

問題2 1 2 2 4 3 3 4 4 5 4 6 3

問題3 1 3 2 3 3 2

問題4 1 1 2 3 3 2 4 2

問題5 1 1 2 2 3 3 4 3 5 2 6 3 7 1 8 3 9 2

청해 스크립트

(M: 男性、男の子、F: 女性、女の子)

<問題1> 🔊 N3-T1-01

問題1では、まず質問を聞いてください。それから話を聞いて、問題用紙の1から4の中から、最もよいものを一つえらんでください。では、練習しましょう。

れい

バスの中で男の人とガイドの女の人が話しています。男の人は何時からホテルで休めますか。

F：お疲れ様でした。ただ今より午後1時までこちらのレストランで昼食をとっていただきます。

M：はい。

F：食事の後は周りのお店などを見て回ってもよろしいですが、1時までには必ずバスにお越しください。

M：はい、分かりました。その後どうするんですか？ちょっと疲れちゃて。早くホテルで休みたいんですけど…。

F：あ、そうなんですか。実は、ホテルのチェックインの時間が決まっていまして、昼食後は朝日自然公園に移動して3時半まで自由行動の後、ホテルに移動します。そこからホテルまでは30分ぐらいの距離ですので、申し訳ございませんが、それまでお待ちください。

M：あ～、そうなんですか。朝早かったから眠くて…。

F：ここから公園までは45分くらいかかりますので、バスの中ででもお休みくださって大丈夫ですよ。

M：はい、ありがとうございます。

男の人は何時からホテルで休めますか。

最もよいものは4番です。解答用紙の問題1のれいのところを見てください。最もよいものは4番ですから、答えはこのように書きます。では、はじめます。

1番 N3-T1-02

お母さんと息子が話しています。息子は明日何をしますか。

F：朝早いんだから早く寝なさい。

M：え〜今から見たいテレビがあるんだけど…。

F：何言ってるの？もう12時じゃないの…。明日の飛行機11時だから、8時には出発するって言ってたでしょう。

M：今日も7時に起きたし、これだけなら、見ても大丈夫だよ。いつも見てるから。

F：明日起きられなくても知らないわよ。

M：大丈夫。お母さんはお父さんの弁当作るから早く起きるでしょう。起こしてね？

F：もう、いつもいつもしょうがないわね。

息子は明日何をしますか。

2番 N3-T1-03

木村さんとクラスメイトの女の人が話しています。女の人はこれから何をしますか。

M：明日のテスト難しそうだね。

F：木村さんはまだいい方よ。私なんかこの前風邪で一週間休んじゃったでしょう。その間に進み過ぎて全然わからないんだから…。そうだ！木村さんはいつもノートつけてたでしょう。ちょっと貸してよ。

M：そんなこと言っても、テストは明日だよ。僕も勉強で使うし…。

F：2，3時間だったらどう？

M：僕は今から勉強しなきゃならないから…夜はバイトだし。

F：じゃ、一緒にしましょうよ。

M：あ、それだったらいいよ。

女の人はこれから何をしますか。

3番 N3-T1-04

男の人とコールセンターの女の人が話しています。男の人はどうしなければなりませんか。

F：はい、こちらジャパンネットワーク、コールセンターでございます。

M：すいません。インターネットにつながらないんですけど。

F：モデムとコンピューターは接続されていますか。

M：はい、接続もされているし、昨日まで使えたんです。でも、今日になって、モデムに電源が入らないみたいなんです。

F：では、本日新しいモデムをお送りします。その中に返送用の箱をお入れしますので、古いモデムはそれでお送りいただけますか。

M：はい、わかりました。いつから使えるようになりますか。

F：申し訳ありませんが、明日以降でしたら使えるかと思います。

男の人はどうしなければなりませんか。

4番 N3-T1-05

お母さんと子供が話しています。弁当のおかずは何ですか。

M：お母さん、明日お弁当にハンバーグ入れてね。

F：材料もう買って来ちゃったわよ。

M：じゃ、今日の晩御飯の残り以外だったら何でもいいや。

F：え、それじゃ、朝ご飯の準備もあるのに大変じゃないの。残りもの嫌だったら、ちゃんと手伝わなきゃダメよ。

M：はーい。じゃあ、玉子焼きは僕が作るよ。朝ご飯はお母さん、お願いね。あ、それからパンは嫌だから。

F：あれも嫌、これも嫌って大変なんだから…。

弁当のおかずは何ですか。

5番 N3-T1-06

日本語学校の先生と学生が話しています。明日は何をしますか。

F：今日で授業は終わりです。今までお疲れ様でした。

M：やったー。よーし、今日は飲み会しようよ。

F：ヤンさん。喜ぶのは早いですよ。
終わりなのは授業で、明日は期末テストです。それから、あさっては修了式があります。この学期で帰国してしまう人たちは、必ず出席してください。

M：どんなことするんですか。

F：食事しながら、成績がよかった学生を表彰しますから、授業じゃないからといって休まないでください。

明日は何をしますか。

6番 N3-T1-07

バイト仲間の男の人と女の人が話しています。女の人の明日のバイトは何時からですか。

F：お疲れ様でした。はぁ、つかれた。今何時？

M：2時。明日もあるの？

F：明日は早番。

M：じゃ、9時からか…。大変だね。今日遅番だったのに。

F：そう、だから帰ってすぐ寝なきゃ。明日バイトは？

M：明日も遅番だから1時から。遅番の後の早番って何時間寝られる？

F：5時間くらいかな。8時には起きなきゃダメだし。

M：そっか、じゃ帰ってゆっくり休んでよ。お休み〜。

F：お休み。

女の人の明日のバイトは何時からですか。

<問題2> N3-T1-08

問題2では、まず質問を聞いてください。そのあと、問題用紙を見てください。読む時間があります。それから話を聞いて、問題用紙の1から4の中から最もよいものを一つえらんでください。では、練習しましょう。

れい

男の人と女の人が会社で話しています。女の人はどうして弁当を持ってきましたか。

M：よーし、やっと昼休みだ！食事行こう、食事。

F：あ、ごめーん。私今日お弁当なんだ。

M：え〜！そうなの。珍しいね。一人暮らしで料理はほとんどしないだろう？

F：うん、それはそうなんだけど…。別に私が料理したっていいでしょう？そんなに驚かないでよ。

M：いやあ、とうとう結婚する気になって、花嫁修行はじめたかと思ったよ。ははははは（笑う）。

F：もう、冗談言わないでよ。私の場合は、料理してみたら量がわからなくて余っちゃったのよ。

M：ははは、ごめん、ごめん。ちょっとはできるんだ？どうしたの？ま〜、最近流行ってるしね〜。

F：もちろんそうよ。ただ田舎から野菜送られてきたのよ。

M：なんだ。それなら僕の分も作ってよ。

F：そんな他の人に作ってあげるレベルじゃないわよ。

女の人はどうして弁当を持ってきましたか。

最もよいものは3番です。解答用紙の問題2のれいのところを見てください。最もよいものは3番ですから、答えはこのように書きます。では、はじめます。

1番 🔊 N3-T1-09

マネージャーと選手が話しています。中止の場合はどうなりますか。

F：明日の試合は9時からになりました。だから練習は、7時半からがいいと思います。ウォーミングアップして軽い練習ぐらいになると思いますが。

M：雨が降った場合はどうしようか。

F：試合が中止の場合は、朝6時半までに電話で連絡するようにしましょう。でも少しくらいの雨では中止にはならないと思います。

M：選手たちには必ず食事してくるように言わないとね。

F：そうですね。食べている時間はありませんか

ら。でも、食べすぎはだめですよ。試合があるので…。

M：もしこっちに来てから雨がひどくなったらどうなるのかな？

F：そのときは相手チームと相談することになります。

中止の場合はどうなりますか。

2番 🔊 N3-T1-10

男の人が旅行の予定について話しています。してはいけないことは何ですか。

M：これからの日程について説明します。まず、部屋にチェックインしてから、午後4時にこのロビーに集まってください。その後、市内観光に行きます。

F：食事はどうなりますか？

M：食事は旅館で取ります。食堂に6時半までに集まってください。

F：食事が終わったら自由時間ですか？

M：その後は温泉に入ってもいいし、部屋で休んでもいいです。基本的に自由ですが、勝手に外には出ないようにしてください。

F：じゃ、外出したいときはどうすればいいですか。

M：まず、市内までは遠いので外出は控えてください。この旅館にはカラオケBOX、ゲームコーナー、売店などもあります。どうしても外出したい時は私に言ってください。

F：わかりました。

してはいけないことは何ですか。

3番 🔊 N3-T1-11

女の人と男の人がレポートの話をしています。男

F：今週までのレポートした？

M：まだなんだ…。だいたい書いたんだけど、まとめの部分が終わらなくて…。

F：そっか、私はもう終わって今から出しに行くところなんだ。

M：20枚全部？　いいな〜。

F：図書館で資料調べたり新聞読んだりしたら意外と簡単にできたわよ。

M：僕が行ったときは、重要な資料は全部借りられてたよ…。だからまとめが大変で…。

F：レポート出されてからすぐ図書館に行ったの？　私は借りられたわよ。

M：今も持ってる？　貸してくれない？

F：持ってるけど今からじゃ遅いんじゃないの？

M：まとめの部分だけ見たいから大丈夫。

男の人のレポートが終わらない理由は何ですか。

4番 🔊 N3-T1-12

お母さんが食べ物について話しています。子供の弁当で気をつけていることは何ですか。

F：子供の好き嫌いをなくすために、幼稚園のお弁当には特に気をつけています。栄養を考えてバランスよく。好き嫌いをなくすためには、見た目も重要です。キャラクターの形にしたり、動物の形にしたり。また、作るだけで終わってはいけません。帰ってきたら必ず食べ残しや感想を聞きます。これは、子供の体調を知る上で必ずしなければなりません。

子供の弁当で気をつけていることは何ですか。

5番 🔊 N3-T1-13

あるサラリーマンが初対面のときに気をつけることについて話しています。この人が一番いいと思っていることは何ですか。

M：私は、初めて人に会うとき必ずしていることがあります。それは、どこかにワンポイントでもいいから記憶に残るものを身に付けることです。例えばキャラクター物のネクタイ。意外と便利なのは、携帯のストラップ。携帯を使うときだけ見せることになるので、多少変わっていても失礼にならず、話を広げるきっかけにもなるし、覚えてもらえるし、一石二鳥です。

この人が一番いいと思っていることは何ですか。

6番 🔊 N3-T1-14

女性が日記について話しています。女性にとって日記はどんなものですか。

F：みなさん日記をつけていますか。私は中学生の頃からつけています。全部保管していますから、全部で十数冊にもなります。写真はその時の思い出を目から頭の中に入れておくものだとしたら、日記はその時の気持ちを思い出にするものだと思います。私自身の成長がより鮮明に思い出せるので私の宝物です。

女性にとって日記はどんなものですか。

ここでちょっと休みましょう。　（音楽♪）
では、また続けます。

問題3では問題用紙に何もいんさつされいません。この問題は、ぜんたいとしてどんなないようかを聞く問題です。話の前に質問はありません。まず話を聞いてください。それから、質問とせんたくしを聞いて、1から4の中から最もよいものを一つえらんでください。では、練習しましょう。

れい

女の人と男の人が会社で話しています。

F：佐藤さん、こんにちは。久しぶりね。

M：おお〜、久しぶりだね。元気してた？

F：おかげさまでね。ところで、佐藤さんコーヒー好きだったでしょう？はい、これどうぞ。差し入れ。

M：お、ありがとう。どうしたの、突然？何かあったの？

F：ううん、この前、木村さんの仕事手伝ってあげたんでしょう？聞いたわよ。

M：ああ、あれね。何でもないよ。重そうだったから…。

F：木村さんすごくありがたがってたわよ。

M：ああ…、そう？まあ、それならよかったね。

F：で、コーヒーは木村さんからよ。

M：ああ、そうか。でもどうして木村さんが直接来ないの？同じ部署でしょう？

F：木村さんもともとすごくシャイなのよ。

女の人はどうして男の人のところに行きましたか。

1. 久しぶりに会いに行った
2. 仕事を手伝いに行った
3. 木村さんからのお礼を渡しに行った
4. 感謝しに行った

最もよいものは3番です。解答用紙の問題3のれいのところを見てください。最もよいものは3番ですから、答えはこのように書きます。では、はじめます。

1番 🔊 N3-T1-16

男の人と友達の女の人が話しています。

M：ちょっと聞いてくれないかな？

F：何？

M：彼女のことなんだけどさ、何にもしてないのに、突然怒り出して…。もう何考えているのかわからないんだよ…。

F：またケンカしたの。絶対何か理由があるはずよ。ちょっと考えてみた？

M：うん、ただ食事中にテレビ見てただけなのに、突然機嫌悪くなって、もういいって言われたんだよ。おかしいよね？

F：もう、女の気持ち何もわかってないんだから。一緒にいるのに何もしないでテレビばかり見てるからよ。

M：え、どうして？

F：女っていうのは、デートの時はそれに集中してくれなきゃダメなのよ。

男の人はどうして彼女とけんかしましたか。

1. 何を考えているかわからないから
2. 彼女の機嫌が悪かったから
3. デートに集中しなかったから
4. テレビが見たくなかったから

2番 🔊 N3-T1-17

女の人がサークル仲間と話しています。

F：岡田君、今ちょっといい？今度の4年生の送別会のことなんだけど。

M：あ、お金まだ払ってなかったね。今払うよ。いくら？

F：それもそうなんだけど、先輩たちに何したら
　　いいかと思ってさ。

M：え、まだ決めてなかったの？去年といっしょ
　　でいいじゃん。

F：もちろん毎年してるから、花束と色紙はおく
　　るつもりなんだけど。今年はいつもと違うも
　　っと喜ばれる何かがしたいんだけど、何かい
　　いアイディアある？

M：え、急に言われてもね… じゃ、花束やめて
　　プレゼントにするとか… どうせ先輩たちみ
　　んな男だから。

F：そっかな…

女の人は男の人をどうして呼びましたか。

1. お金をもらうため
2. 花束と色紙を贈るため
3. アイディアを聞くため
4. プレゼントをするため

3番 🔊 N3-T1-18

中学校の先生と学生が話しています。

M1：佐藤の第一希望は中山高校だったな。

M2：はい。

M1：そうか、今のこの成績だったらまず問題ない
　　　だろうな。でも、安心して勉強しなくなっち
　　　ゃダメだぞ。受験は何があるかわからないか
　　　ら。

M2：はい、わかってます。

M1：だけど、佐藤ぐらいの成績だったら、ここ
　　　よりもっと上のレベルの学校も十分大丈夫
　　　だぞ。考えてみたらどうだ？

M2：でも、家から自転車で通えるし、学費の面
　　　でも親に迷惑を掛けたくないので…。

M1：大学はどうするんだ？ そこの進学率はあま
　　　りよくないぞ…。

M2：そうですか。でも今のところ大学までは考
　　　えていません。

M1：そうか。最近は奨学金もいろいろあるし、
　　　長い目で見て大学進学も考えた方が得だと
　　　思うぞ。

どうして学生はこの中山高校に入りたいのですか。

1. 今の成績だったら入れるから
2. 親に負担をかけたくないから
3. 進学率の高い高校だから
4. 家から一番近いから

<問題4> 🔊 N3-T1-19

問題4では、えを見ながら質問を聞いてくださ
い。やじるしの人は何といいますか。1から3
の中から最もよいものを一つえらんでくださ
い。では、練習しましょう。

れい

レポートを書きましたが、忘れて来てしまいま
した。明日まで待ってほしいです。先生に何と
言いますか。

M：1. すみません。明日まで待ってもらえませんか。
　　2. レポート明日まで持って来られますか。お
　　　願いします。
　　3. ごめんなさい。レポート持ってきませんでし
　　　た。

最もよいものは1番です。解答用紙の問題4の
れいのところを見てください。最もよいものは
1番ですから、答えはこのように書きます。で
は、はじめます。

1番 🔊 N3-T1-20

ホテルのお客が自分の荷物を受け取りに来まし
た。どのように案内しますか。

F：1. あちらで荷物をお受け取りください。

　　2. あちらで荷物をお受け取りしてあげます。

　　3. あちらで荷物をお受け取りしてさしあげます。

2番 🔊 N3-T1-21

男の人が訪問先で新商品の説明をしています。この男の人は、どのように話を始めますか。

M：1. では、ご説明してあげます。

　　2. では、ご説明させてもらいます。

　　3. では、ご説明させていただきます。

3番 🔊 N3-T1-22

上司に急ぎの仕事を頼まれて、引き受けました。部下は何と答えますか。

F：1. かしこまりました。あしたまでにやればいいんでしょ。

　　2. わかりました。あしたまでにですね。

　　3. 承知いたしました。あしたまでにやらせていただければと思います。

4番 🔊 N3-T1-23

ある会社の営業担当者が、これまで取引のない会社を訪ねています。この担当者は、どのようにあいさつしますか。

M：1. 実はわたくし、担当部署が異動になりまして…。

　　2. 突然お邪魔いたしますが…。

　　3. いつもお世話になっております。

<問題5> 🔊 N3-T1-24

問題5では、問題用紙に何もいんさつされていません。まず、文を聞いてください。それから、そのへんじを聞いて、1から3の中から、最もよいものを一つえらんでください。では、練習しましょう。

れい

F：あ〜、緊張してきた。この試験落ちちゃったらどうしよう。

M：1. 大丈夫だった？すごく緊張してたね。

　　2. 大丈夫。いつものようにやればいいよ。

　　3. え、本当。残念だったね。

最もよいものは2番です。解答用紙の問題5のれいのところを見てください。最もよいものは2番ですから、答えはこのように書きます。では、はじめます。

1番 🔊 N3-T1-25

M：これって税込みですか。

F：1. はい、含まれております。

　　2. はい、日本円です。

　　3. はい、新発売です。

2番 🔊 N3-T1-26

F：開店まで1週間しかありません。

M：1. やっとここまで来ましたね。

　　2. うわー！きついですね。

　　3. すみません、助かります。

3番 🔊 N3-T1-27

M：あのう…まことに申し訳ございませんが…。

F：1. そのはずです。

　　2. 良かったです。

　　3. どうぞ遠慮なくおっしゃってください。

4番 🔊 N3-T1-28

F：部長、企画書に目を通していただけませんか。

M：1. この内容じゃ、通すわけにはいかないねえ。

2. 忙しくて書いてる暇がないね。

3. 後で見ておくからそこに置いといて。

5番　🔊 N3-T1-29

M：木村さんには頭が下がります。

F：1. がんばったんですが。

2. それほどでも。

3. 大丈夫です。

6番　🔊 N3-T1-30

F：熱が下がっても油断は禁物ですよ。

M：1. ええ、安心しました。

2. ええ、しばらく安静にしてください。

3. ええ、わかっています。

7番　🔊 N3-T1-31

M：ずっと雨が降っていますね。

F：1. ええ、早く止んでほしいです。

2. ええ、もうすぐ降りそうです。

3. ええ、もう降っています。

8番　🔊 N3-T1-32

F：わあ！ぴかぴかですね。

M：1. すみません。すぐに片付けます。

2. 本当に人が多いですね。

3. 一生懸命磨きました。

9番　🔊 N3-T1-33

M：山田さん、新幹線に乗り遅れたそうです。

F：1. 何とか間に合ったのね？

2. それじゃあ、すぐに訪問先にそのことを伝えなきゃ。

3. やっぱり新幹線は速いですね。

모의테스트 2회

언어지식(문자·어휘)

問題1　1 4　2 1　3 3　4 4　5 2　6 4　7 2　8 3

問題2　9 4　10 1　11 3　12 1　13 3　14 2

問題3　15 3　16 1　17 4　18 3　19 2　20 2　21 3　22 3　23 4　24 1　25 3

問題4　26 3　27 2　28 3　29 4　30 1

問題5　31 2　32 1　33 4　34 3　35 4

언어지식(문법)·독해

問題1　1 1　2 4　3 3　4 4　5 3　6 2　7 3　8 1　9 2　10 3　11 2　12 4　13 3

問題2　14 3　15 3　16 4　17 3　18 3

問題3　19 1　20 1　21 3　22 4　23 1

問題4　24 1　25 3　26 4　27 2

問題5　28 4　29 3　30 4　31 3　32 2　33 4

問題6　34 3　35 3　36 4　37 1

問題7　38 1　39 4

청해

問題1　1 4　2 1　3 4　4 2　5 1　6 2

問題2　1 4　2 2　3 1　4 1　5 4　6 2

問題3　1 1　2 4　3 1

問題4　1 1　2 3　3 3　4 1

問題5　1 3　2 3　3 1　4 1　5 3　6 3　7 2　8 1　9 1

(M: 男性、男の子、F: 女性、女の子)

<問題1>

1番 N3-T2-01

女の人が男の人に携帯電話のことを聞いています。女の人はこの後どうしますか。

F：ねぇ、ちょっと佐藤君、私の携帯電話しらない？ あれないと私死んじゃうわよ。

M：知らないけど、どんな携帯？

F：シルバーで、黒いストラップついてるやつ。

M：見なかったなぁ。最後に使ったのいつ？

F：使ったのは昨日。カバンの中に入れたと思ったのに、見あたらなくて。

M：もう一回探してみたらどう？

F：カバンはもう何回も見たのよ。

M：じゃ、家じゃないの？ 電話してみた？

F：携帯ないのにできるわけないでしょう。貸してくれる？

M：いいよ。

女の人はこの後どうしますか。

2番 N3-T2-02

女の人と中学生の男の子が話しています。男の子はまずどこに行きますか。

F：洋介、ちょっと買い物行って来てよ。

M：は～い、何買って来ればいいの？

F：それはこのメモに書いてあるから。

M：どれ？ じゃがいもににんじん、牛肉…、今日カレー？

F：そうよ。好きでしょう？ 近くのスーパーに全部売ってるから。

M：メモにある、手紙って何？

F：あ、そうそう。まず郵便局行って、手紙出してきて。今家に切手なくて…。

M：えっ、コンビニに切手売ってるけど、それじゃダメ？ 市内に行くまで時間かかるから。ポストに入れるだけでもいいでしょう？

F：ん～、でも急いでるからお願い。

男の子はまずどこに行きますか。

3番 N3-T2-03

男の人と女の人が話しています。女の人は男の人をどのくらい待つことになりますか。

F：今どこ？ 約束の時間もう30分も過ぎてるよ。

M：ごめん、寝坊しちゃって。今ちょうどバスに乗ったところ。

F：じゃ、あとどのくらい？

M：いつもだったら45分くらいかかるんだけど、今の時間だとたぶん1時間くらいかかるかも…。どこかで待っててよ。近くまで来たらまた電話するから。

F：え、そんなに…。じゃ近くの喫茶店で待ってるからそこまで来てね。

M：うん、わかった。

F：もちろんおごってもらうからね。

M：分かってるよ。本当にごめんね。

女の人は男の人をどのくらい待つことになりますか。

4番 N3-T2-04

男の人と女の人が話しています。二人の約束はいつになりましたか。

M：今日の約束、また今度にできないかな？ 突然取引先に呼ばれてさ～、今から大阪まで出張することになったんだ。木曜まで帰れそうになくて。

F：どうして？　週末も出張して帰って来たばかりなのに…、また〜。

M：ごめん。

F：そんな〜。しかも今からだなんてひどいわね。明日じゃダメなの？

M：ごめんね。どうしてもって言われて…。だから木曜日でもいいかな？

F：毎週木曜は会議じゃなかった？　私は金曜でもいいけど。

M：そうなんだけど、その日は会社に来ないで、そのまま家に帰ってもいいってさ。だから…。

F：そう、わかった。じゃ今日はしょうがないわね。気をつけて行って来てね。

二人の約束はいつになりましたか。

5番 🔊 N3-T2-05

夫婦が電話で話しています。女の人は何分後に帰って来ますか。

M：もしもし、いまどこ？

F：まだ、買い物中だけどなんで？

M：家出てから、もう2時間以上経ったのに、あとどのくらいで帰ってくるのかと思ってさ。

F：え、もうそんなに経ったの？　まだ1時間くらいだと思ってたのに。

M：やっぱりね。ちょっとって言っても2時間以上は当たり前だよね。

F：今すぐ帰るから、あと15分くらい待って。

M：僕も30分後くらいにはちょっと出かけたいから早く帰ってきてね。

F：わかったわよ。

女の人は、何分後に帰って来ますか。

6番 🔊 N3-T2-06

会社で男の人と女の人が話しています。男の人は今日は何時に家を出ましたか。

F：おはよう。どうしたの？　朝から疲れた顔して…。

M：それがさ、昨日、いつもより30分早く家出て、45分の電車に乗った話、したよね。

F：うん、8時に家出ても座れなかった話でしょう？

M：そうそう。それで今日はがんばっていつもより1時間早く出たんだ。

F：すごいわね。座れた？

M：それがさ、昨日よりは少なかったんだけど、やっぱりダメだったんだよね。

F：そっか、やっぱりその時間もラッシュだしね…。

M：通勤1時間半もかかるのに、ずっと立ちっぱなしじゃ朝から疲れちゃうよ。

男の人は今日は何時に家を出ましたか。

＜問題2＞

1番 🔊 N3-T2-07

女の人と男の人がドラマについて話しています。どうして男の人はドラマを見ませんでしたか。

F：昨日のドラマ見た？　もう感動して涙止まらなかったよ。

M：鈴木さんも見たの？　見てないの僕だけみたいだね。

F：何だ、すごくよかったのに。どうして見なかったの？

M：おととい飲み会だったし、それに昨日は朝から授業だったしね…。それで家帰ってすぐ寝ちゃったよ。

F：いったい何時間寝たの？　ドラマは8時から
　　でしょう？

M：う～んと、だいたい12時間くらい？

F：もう、飲み会ばっかりしてるんだから。

どうして男の人はドラマを見ませんでしたか。

2番　🔊N3-T2-08

男の人と女の人がお見合いのことを話していま
す。女の人はどうしてお見合いをしますか。

F：明日いくらぐらいあった方がいいかな？

M：向こうがおごってくれるんじゃないの？

F：でも、全部は悪いからちょっとは出さない
　　と…。

M：コーヒー飲んで、ちょっと話すだけだろ？出
　　す必要ないよ。

F：そう？　あと何話したらいいのかわからない
　　けど…。

M：お見合いだからってそうかたくなることない
　　よ。いつものデートと同じだよ。

F：そうじゃなくて、いつもよくしてくれる取引先
　　からの紹介だから、失礼なことがあっちゃい
　　けないでしょう。

M：そうか、大企業の社員も大変だね。プライベ
　　ートまでいろいろ言われて。

F：そうよ。断りたくても断れないしね。

女の人はどうしてお見合いをしますか。

3番　🔊N3-T2-09

店員とお客さんが居酒屋で話しています。お客
さんは何を注文しましたか。

F：いらっしゃいませ、こちらお絞りでございま
　　す。こちらはメニューでございます。本日の

お勧めメニューはこちらでございます。

M：あ、どうも。

F：ご注文は…？

M：とりあえずビールください。

F：はい、生ビールでよろしいですね。

M：はい。

F：お食事はどうなさいますか。

M：え～と、刺身とか、サラダとか、何か軽いも
　　のないかな？

F：それでしたら、こちらのお勧めメニューをご
　　覧ください。こちら本日のお刺身が新鮮でお
　　勧めです。

M：あ、そうなんですか。どうしようかな…。そ
　　うだな…。他のも見てからにしようかな…。

F：はい、かしこまりました。

お客さんは何を注文しましたか。

4番　🔊N3-T2-10

医者がストレスについて話しています。医者が
ストレスには何がいいといっていますか。

M：ストレス発散はどのようにしていますか。一
　　週間のストレスは、週末までためていてはい
　　けません。平日のうち、1日か2日は趣味の
　　時間やサークル活動、習い事などをしてリフ
　　レッシュするようにしましょう。また、週末
　　は家でゴロゴロだけというのもいけません。
　　だれかに会って話したりすることで自分のス
　　トレスに気づいたりします。日曜の夜、また
　　一週間が始まる…と暗くなる前にストレスを
　　解消する努力をしましょう。

医者がストレスには何がいいといっていますか。

5番 N3-T2-11

ある女性が整理整頓について話しています。どうしたら整理整頓ができると言っていますか。

F：春になると、冬服の整理や新学期の始まりなどで、部屋を整理する機会も多いと思いますが、どうしても片付けは苦手という方に、いい方法をお教えしましょう。変な話かもしれませんが、上手な片付け方というのは捨てるということです。いつかまた使うだろうと思っても捨てる。これが片付けのコツです。捨てるのが嫌な人はバザーやフリーマーケットで処分してもいいでしょう。

どうしたら整理整頓ができると言っていますか。

6番 N3-T2-12

教育専門家が子供の勉強について話しています。子供はどうやって勉強した方がいいですか。

M：子供に勉強させるには、いつもうるさく注意するより、子供が勉強しているかどうかを知ることが大切です。親の前で勉強させるようにして、子供の勉強に親も積極的に参加しましょう。何も一緒に勉強してくださいといっているわけではなく、リビングなどで家事をしながら、子供の勉強する様子を見るだけでいいのです。子供の部屋で勉強させた方が子供のためと思うのは間違いです。

子供はどうやって勉強した方がいいですか。

〈問題3〉

1番 N3-T2-13

女の人と男の人が話しています。

F：山崎君、1学期のクラス委員なんだけど山崎君がしてよ？ クラスの人気者だし、ムードメーカーだからぴったりよ。

M：え、嫌だよそんなの。僕は図書委員がやりたいんだから。

F：でも他にやる人がいないんだし、絶対誰かに推薦されるわよ。その前に自分からしちゃった方がいいわよ。

M：そうなったら、図書委員やりたいって言うつもりだからいいよ。

F：じゃ勝手に私が推薦してもいいってことね。女子のみんなにお願いしておくわよ。

M：そんなのひどすぎるよ。

F：いいじゃないの別に。その代わり図書委員は私が責任もってするからまかせてちょうだい。

M：何だよ。自分がしたいからって、僕にさせようとしないでよ。

女の人はどうして男の人にクラス委員になってほしいですか。

1. 自分が図書委員をしたいから
2. クラスの人気者だから
3. 他にやる人がいないから
4. みんなから推薦されたから

2番 N3-T2-14

女の人が男の人に話しかけています。

F：佐藤君、ちょっといいかな？

M：あ、ごめんごめん。この前から借りてた本でしょう？ まだ読んでなくて、もうちょっと待ってよ。

F：ううん、そのことじゃなくて…。

M：あ、そうなの？ 何？

F：2週間後テストあるでしょ？それで、ノート見せてほしくて…。

M：あ、何だそんなこと。いいよ。週末明けには
返してね。

F：うん、わかった。ありがとう。お礼にコーヒ
ーでもおごるよ。

M：いいよ。気にしないで、本まだ返してない
し。

女の人は男の人にどうして話しかけましたか。

1. 本を返してもらいたいから

2. コーヒーをおごってほしいから

3. 本を借りてほしいから

4. ノートを貸してほしいから

3番 📢 N3-T2-15

道で男の人と女の人が話しています。

F：ねえ、本当にこの道でいいの？

M：そのはずだよ。さっきの交差点を右に曲がっ
てまっすぐ行くだけだから。

F：でもどんどん街から離れて行ってるんじゃな
い？

M：家は普通住宅地にあるわけだし、駅の周り
が賑やかなだけだよ。

F：でも先生のマンションは駅から徒歩10分でし
ょう？ だれかに聞いてみましょうよ？ そう
じゃなかったら電話してみるとか？

M：できたらもうしてるよ。とりあえず、地図の
通りに行ってみようよ。

F：あ〜あ、誰か来ないかな？

男の人はどうしようと言いましたか。

1. 地図を見て行く

2. 街から離れた方がいい

3. 駅から10分歩く

4. 交差点を右に曲がってまっすぐ行く

<問題4>

1番 📢 N3-T2-16

上司の部長に、電話がかかってきました。部長
は、いま、取引先の人と打ち合わせ中です。何
と言って部長を呼びますか。

M: 1. 失礼します。部長、ちょっと。

2. 失礼します。部長さん、ちょっと。

3. 失礼します。山田さん、ちょっと。

2番 📢 N3-T2-17

エレベーターに二人が乗っています。おばあさ
んがある人に頼んでいます。何と言いますか。

F：1. すみませんが、5階までいっしょに行きま
せんか。

2. すみませんが、5階に行ったことがありま
すか。

3. すみませんが、5階のボタンを押していた
だけませんか。

3番 📢 N3-T2-18

空港で、航空会社の社員がお客と話していま
す。お客がチケットをキャンセルしたいと言っ
ています。社員は何と言って確認しますか。

F：1. この便をキャンセルするんですか。

2. この便をキャンセルしたいんですか。

3. この便をキャンセルなさりたいんですか。

4番 📢 N3-T2-19

上司の留守中に、上司の友人から電話がありま
した。外出から帰った上司に、女の人が伝言し
ています。女の人は何と言って伝えますか。

F：1. 部長、お友だちの田中さんという方から、

お電話がありました。

 2. 部長、友だちの田中から、お電話がございました。

 3. 部長、お友だちの田中という方から、電話がありました。

<問題5>

1番 🔊 N3-T2-20

M：あ、ケーキが一個足りない。

F：1. じゃ、はやく食べてください。

 2. じゃ、あと一個食べますよ。

 3. じゃ、もう一個買ってきますよ。

2番 🔊 N3-T2-21

F：市役所までどうやって行きますか。

M：1. 先輩と一緒に行きます。

 2. 1時間ぐらいかかります。

 3. バスに乗って行きます。

3番 🔊 N3-T2-22

M：仕事の後で、飲みに行かない？

F：1. ごめん。用事があるの。

 2. 仕事中には飲まないわよ。

 3. 飲まないなら行かないわよ。

4番 🔊 N3-T2-23

F：どうしてお金をためていますか。

M：1. 結婚するためです。

 2. 結婚してからです。

 3. 結婚するまでです。

5番 🔊 N3-T2-24

M：昨日は日曜日なのに、仕事でした。

F：1. 日曜日は休みですか。

 2. ゆっくりできましたか。

 3. それは大変でしたね。

6番 🔊 N3-T2-25

F：今、会議が終わったところです。

M：1. あ、会議中ですか。

 2. あ、これからですか。

 3. あ、もう終わったんですね。

7番 🔊 N3-T2-26

M：この本は山田先生がくださいました。

F：1. へえ、山田先生にあげたんだ。

 2. へえ、山田先生にもらったんだ。

 3. へえ、山田先生が書いたんだ。

8番 🔊 N3-T2-27

F：このボタンを押すと、どうなりますか。

M：1. ライトが付きます。

 2. ライトが付いています。

 3. ライトを付けます。

9番 🔊 N3-T2-28

M：杉本さん、先に行っててくれる？

F：1. わかった。向こうで待ってるから早く来てね。

 2. うん、行ってきたわ。

 3. 何もくれなかったわ。

언어지식(문자 · 어휘)

問題1　1 2　2 3　3 3　4 3　5 4　6 2　7 3　8 4

問題2　9 2　10 1　11 3　12 4　13 1　14 3

問題3　15 1　16 2　17 4　18 1　19 3　20 2
　　　21 2　22 1　23 1　24 3　25 3

問題4　26 3　27 4　28 2　29 3　30 4

問題5　31 2　32 1　33 4　34 1　35 3

언어지식(문법) · 독해

問題1　1 3　2 1　3 4　4 4　5 1　6 2　7 3
　　　8 4　9 3　10 1　11 2　12 4　13 1

問題2　14 2　15 4　16 2　17 4　18 3

問題3　19 4　20 3　21 3　22 1　23 4

問題4　24 4　25 2　26 3　27 1

問題5　28 1　29 4　30 1　31 4　32 4　33 4

問題6　34 3　35 4　36 1　37 2

問題7　38 2　39 3

청해

問題1　1 4　2 4　3 2　4 1　5 2　6 4

問題2　1 3　2 2　3 4　4 1　5 4　6 2

問題3　1 2　2 1　3 1

問題4　1 1　2 1　3 2　4 3

問題5　1 2　2 2　3 3　4 2　5 2　6 1　7 2　8 3　9 1

청해 스크립트

(M: 男性、男の子、F: 女性、女の子)

<問題1>

1番 🔊 N3-T3-01

男の人と女の人が野球について話しています。二人はいつ野球を見ますか。

M：野球のチケット取れた？

F：週末はもうダメだって。2時間前に当日券は出るらしいけど、並ばなきゃならないわよ。

M：日曜日はどうせ行けないからいいんだけど、土曜もダメか…来週はどうなの？

F：来週は大阪で試合でしょう。

M：そうか。

F：金曜はどうなの？6時半からよ。

M：ナイトゲームだし仕事が終わってからじゃ全部見られないよ。

F：じゃ、早く行って並ぶしかないわね。

二人はいつ野球を見ますか。

2番 🔊 N3-T3-02

男の人と女の人が学園祭について話しています。男の人がしなければならないことはどれですか。

F：じゃあ、明日10時に集合ね。

M：え？そんなに早いの？どうして？

F：開店の準備でまだ終わってないこといっぱいあるのよ。材料は全部買ってきたけど、まだ野菜切り終わってないし。

M：な～んだ…。12時からのシフトの人は売るだけでいいと思ってたよ。

F：もちろんそれはそうだけど女の子達だけじゃ

全部できないでしょう？

M：でもオレ料理できないよ。

F：テント建てたりガスの準備とかあるじゃない。

M：結局最初から仕事か…。

男の人がしなければならないことはどれですか。

3番 🔊 N3-T3-03

男の人が女の人と旅行の予約について話しています。この後男の人がしなければならないことは何ですか。

F：では、ご予約の確認をいたします。

M：はい。

F：12月30日から1月3日までの4泊5日、4名様ですね。

M：はい、そうです。

F：では、本日より3日以内に料金の振込みをお願いします。

M：わかりました。

F：当日は、駅から無料のシャトルバスがございますので、そちらにお乗りください。

M：はい、わかりました。こちらから旅館には連絡しなくてもいいですよね。

F：当日ご変更がある場合のみお電話していただければ大丈夫です。

この後男の人がしなければならないことは何ですか。

4番 🔊 N3-T3-04

男の人と女の人が今日の予定について話しています。この後二人は何をしますか。

M：今日何する？

F：欲しい本あるから、ちょっと本屋行ってもい

い？

M：うん、わかった。ご飯はどうする？

F：そうね。本買ってからじゃダメ？　ご飯が先でもいいけど。

M：先にしようよ。お腹空いてるんだ。ファーストフードとか簡単なものでいいから。

F：じゃ、そうしましょう。その後は？

M：喫茶店でコーヒーでも飲みながら考えようよ。

F：そうね。どこの店にする？

M：この近くの店でいいよ。探すの面倒だし。

この後二人は何をしますか。

5番 🔊 N3-T3-05

男の人と女の人が会社で話をしています。この後女の人は何をしなければなりませんか。

M：木村さん、ではこの前の打ち合わせの通り、来週までに計画書を送っていただけますか。

F：はい、わかりました。書類は郵送でよろしいでしょうか。

M：そうですね。それでもいいですが、Eメールで送っていただいてもいいですよ。

F：それでは、Eメールで送らせていただきますので…。あの〜…、お金なんですけど…

M：あ、すいません。それでしたら本日中に振り込みますので。

F：忙しいのにすみません。

M：いえいえ、こちらこそわざわざ来てもらってすいません。

この後女の人は何をしなければなりませんか。

6番 🔊 N3-T3-06

会社の面接官と男の人が話しています。男の人

はいつから店で働けますか。

F：では、今後の予定について確認します。

M：はい。

F：本日の面接の結果は1週間後までにお知らせ

　します。

M：はい。

F：2週間後から一ヶ月間の研修後、4月中旬より

　店舗にて働いていただきます。

M：わかりました。

F：何か質問はありますか。

M：結果は郵送でしょうか。

F：電話でお知らせしてから、郵送で採用通知書

　もお送りします。

男の人はいつから店で働けますか。

<問題2>

1番 🔊 N3-T3-07

男の人と女の人が話しています。女の人はどう
して髪を切ったんですか。

M：うぁ〜、すごい！どうしたの？

F：なんでそんなにびっくりするのよ。

M：だって、そんなに髪の毛切ったら誰だってび

　っくりするよ。何かあったの？ふられたと

　か？

F：何もないわよ。似合う？

M：だいぶ雰囲気違うもんだね。別人みたいだ

　よ。

F：20センチ以上はばっさり切ったから。

M：そんなに切るなんて絶対何かあったでしょ？

F：春だし思い切って短くしたのよ。ほら、最近

　流行ってるでしょう。

M：前よりだいぶ明るく見えるよ。

F：ありがとう。でも、今までこんなに短くした

　ことなかったから、まだちょっと慣れなくて

　恥ずかしいな。

女の人はどうして髪を切ったんですか。

2番 🔊 N3-T3-08

男の人と女の人が図書館で話しています。男の
人はどうして家で勉強しませんか。

F：あら、珍しいわね、こんな所で会うなんて。

M：そう？　本を借りにはよく来るんだけど。佐

　藤さんが来ないからじゃないの？

F：失礼ね。そんなことないわよ。私はいつもこ

　こで勉強してるんだから。今日は何借りる

　の？

M：今日は勉強しに来たんだ。

F：へぇ、どうして？　家じゃないと集中できない

　って言ってたのに？　何か資料でもいるの？

M：そうじゃなくて、家の前で工事しててうるさ

　いんだよね。

F：テスト前なのに大変ね。寝られるの？

M：夜は静かでいいんだけど朝早くから工事の音

　がひどくて。

F：早く終わるといいわね。

男の人はどうして家で勉強しませんか。

3番 🔊 N3-T3-09

男の人と女の人が食事中です。男の人はどうし
てあまり食べませんか。

F：ここのランチおいしいわね。田中君のおかげ

　よ。

M：そう。じゃ、遠慮しないでもっと食べてよ。

F：ちょっと高いけど大丈夫？

M：そんなこと心配しなくてもいいよ。

F：でもさっきから私だけ食べてるみたいで…
　嫌いな物でもあった？

M：そうじゃなくて。ちょっとカロリーの取り過
　ぎに注意しようと思って。

F：なんだ、そんなこと… この間も絶対やせる
　って言っておいて3日坊主だったじゃない。

M：今度はダイエットしようってわけじゃないん
　だ。医者にも言われたし。

F：えっ？ どこか悪いの？

M：定期診断だったんだけど、その時先生に運動
　不足って言われたんだよ。それに若い時と同
　じカロリー取ってちゃだめだって。

F：ふーん、それで食べないわけか。

男の人はどうしてあまり食べませんか。

4番 🔊 N3-T3-10

女の人が節約の仕方について話しています。女
の人がしている節約は何ですか。

F：家では、節約のためにこまめに電気を消すよ
　うにしています。旅行の時はコンセントを抜
　く、電球も節電のものを使っています。ま
　た、安売りをしているからといってまとめ買
　いをしては、結局必要のないものまで買って
　しまっているので、無駄です。細かいと思う
　かもしれないけど、1年10年という長い目で
　見ると環境にも財布にもやさしい、よいこと
　だと思います。

女の人がしている節約は何ですか。

5番 🔊 N3-T3-11

女の人がダイエットについて話しています。女
の人がした方がいいと言っているダイエットは
何ですか。

F：みなさんは、食事量を減らすとか、薬を飲む
　などというダイエットをしていませんか。そ
　のようなダイエットは失敗の確率が高いばか
　りでなく、健康にも悪いのです。また、もち
　ろん運動は大切ですが、続けるのは大変で
　す。まず、自分の生活習慣を見直してみまし
　ょう。太る原因は必ずそこにあります。それ
　を変えるだけでも効果があるのです。

女の人がした方がいいと言っているダイエット
は何ですか。

6番 🔊 N3-T3-12

男の人が健康法について話しています。慣れる
まで大変なこととはなんでしょうか。

M：私の健康法は、何があっても朝食を食べるこ
　とです。といっても、トースト1枚などとい
　うものではなく、ご飯に味噌汁、おかずとい
　った、日本の昔ながらの食事をとるようにし
　ています。作る手間もかかるので、これを
　毎日行うためには、自然に早寝早起きになり
　ます。慣れるまでは、5分でもいいから寝た
　いと思って大変でしたが、今では自然に目が
　覚めます。

慣れるまで大変なこととはなんでしょうか。

<問題3>
1番 🔊 N3-T3-13

男の人と女の人が話しています。

F：いらっしゃいませ。

M：4人なんだけど空いてる？

F：申し訳ございません。ただいま満席でし
　て…。こちらにお名前とご連絡先を書いてく

ださい。

M：もう満席なんだ。まだ７時なのに…。

F：予約のお客様もいらっしゃって…。どうぞこちらでお座りになってお待ちいただけますか。

M：どのくらい待つの？

F：30分ほど前に15名様のご宴会が始まったところでして… 他のお客様は団体様ではないのでいつお帰りになるかはちょっと…。

M：じゃ、しばらくは空きそうにないな…。わかりました。じゃ、それまで外にいるから、空きそうになったら電話ください。

F：はい、かしこまりました。

男の人はどうして外に出ましたか。

1. 団体の客じゃないから
2. 店で待ちたくないから
3. 予約していなかったから
4. 他の店に行くから

2番 🔊 N3-T3-14

会社の同僚の二人が話しています。

F：中田さん、計画書終わりましたか。出してないの中田さんだけなんですけど…。

M：あ〜っ、ごめんごめん。もうすぐ終わるから。

F：困りますよ。そう言ってこの前は１週間も遅れたじゃないですか。

M：あの時はパソコンのデータが消えたからだって言っただろ。今度は本当だから。

F：そうしてもらわないとこっちが困りますよ。明日全体会議なんですから。一人で全部コピーしたり準備したりするのは大変なんですよ。中田さんが遅いと私が残業しなきゃいけないし。

M：あと30分待ってよ。会議終わったら食事お

<問題4>

1番 🔊 N3-T3-16

会議でこれから資料について質問を受けます。説明者はどのように言いますか。

M：1. 何かご質問はございませんか。

2. 何かご質問をしてください。

3. 何かご質問を聞いてください。

2番 🔊 N3-T3-17

受付の女性が、お客さんを応接室に案内しています。女性はお客さんに何と言いますか。

F：1. こちらでお待ちください。

2. ここで待っていただきます。

3. こっちでお待ちください。

3番 🔊 N3-T3-18

朝、アパートの前で近所の人の二人が会いました。何と言いますか。

M：1. おはようございます。お帰りなさい。

2. おはようございます。今日もいい天気ですね。

3. おはようございます。とてもお忙しいようですね。

4番 🔊 N3-T3-19

女の人が、会社を訪ねてきたお客さんをエレベーターまで見送り、あいさつをしています。女の人は何とあいさつしますか。

F：1. 今日は来てくれて、ありがとうございました。

2. 今日はいらっしゃって、ありがとうございました。

3. 今日はお越しいただき、ありがとうございました。

<問題5>

1番 🔊 N3-T3-20

M：お泊まりの予定は？

F：1. あとで名古屋へ行きます。

2. 三泊四日です。

3. 広島市内を観光します。

2番 🔊 N3-T3-21

F：もう全部読んでしまったんですか。

M：1. はい、読むところです。

2. はい、読み終わりました。

3. はい、読んだりしています。

3番 🔊 N3-T3-22

M：妹の誕生日にアクセサリーをプレゼントしようと思うんだけど、何がいいかな。

F：1. ブラウンなんかどう？

2. おしゃれなバッグなんかどう？

3. イヤリングなんかどう？

4番 🔊 N3-T3-23

F：ゆうべはよく眠れましたか。

M：1. はい、眠りにつきました。

2. はい、ぐっすり眠れました。

3. はい、うとうと居眠りしました。

5番 🔊 N3-T3-24

M：貴社のユニホーム、いいですね。

F：1. お客様に配る物ですからね。

2. 動きやすいし、私も気に入っています。

3. 笑顔がすてきでしょう？

6番 🔊 N3-T3-25

F：先生、アンケート結果を拝見してもよろしい
でしょうか。

M：1. どうぞ、見てください。

2. ええ、見せてください。

3. ぜひ拝見してください。

7番 🔊 N3-T3-26

M：あっ、しまった！

F：1. おめでとう。

2. どうしたの？

3. なんとかね。

8番 🔊 N3-T3-27

F：先生、研究室に伺ってもよろしいですか。

M：1. どうぞ、聞いてください。

2. どうぞ、行ってください。

3. どうぞ、来てください。

9番 🔊 N3-T3-28

M：お支払いは現金でよろしいですね。

F：1. はい、キャッシュで。

2. はい、カードで。

3. はい、ローンで。

모의테스트 4회

언어지식(문자·어휘)

問題1　1 1　2 3　3 2　4 2　5 2　6 3　7 4　8 1

問題2　9 4　10 1　11 3　12 2　13 3　14 1

問題3　15 3　16 1　17 2　18 4　19 3　20 1　21 4　22 2　23 4　24 2　25 3

問題4　26 1　27 3　28 2　29 4　30 1

問題5　31 1　32 2　33 2　34 2　35 1

언어지식(문법)·독해

問題1　1 1　2 4　3 2　4 3　5 2　6 3　7 2　8 3　9 4　10 2　11 1　12 4　13 3

問題2　14 3　15 2　16 1　17 1　18 3

問題3　19 2　20 3　21 3　22 1　23 3

問題4　24 1　25 3　26 3　27 1

問題5　28 3　29 1　30 2　31 2　32 4　33 4

問題6　34 2　35 3　36 2　37 4

問題7　38 4　39 1

청해

問題1　1 3　2 3　3 2　4 4　5 1　6 2

問題2　1 3　2 3　3 4　4 3　5 3　6 2

問題3　1 1　2 3　3 2

問題4　1 1　2 3　3 2　4 2

問題5　1 2　2 1　3 3　4 3　5 3　6 2　7 3　8 2　9 1

(M: 男性、男の子、F: 女性、女の子)

<問題1>

1番 N3-T4-01

道で旅行中の女の人と通りがかりの男の人が話しています。女の人は中央ホールまでどうやって行きますか。

F：すいません、この近くに地下鉄の駅かバス停がありますか。

M：えっと、バス停だと、300メートルくらい歩いたらありますね。地下鉄の駅は反対方向に歩いて10分くらいですね。すいませんけど、どこに行きますか。

F：中央ホールに行きたいんですけど…。歩いていこうと思ったけど、思ったより遠いみたいだから…。

M：あ、中央ホールですか…。そこなら近いですよ。あそこに高いビルがありますよね。あそこにあるのでこのまま行ったらいいですよ。

F：あ、そうだったんですか。ありがとうございます。思ったより遠いからこの道でいいのかもわからなくて。15分くらいで着くと思ったら、30分以上歩いて疲れちゃったんですよ。

M：そうですね。ちょっとわかりづらい所にありますからね。

女の人は中央ホールまでどうやって行きますか。

2番 N3-T4-02

夫婦が健康について話しています。男の人は何をしますか。

F：あなた、起きてよ。もう9時よ。

M：週末なんだからもうちょっと寝かせてよ。最近疲れてるんだから。

F：もう、いつもそんなこと言って、家でゴロゴロしてるじゃない。

M：新しいプロジェクトが始まってから、取引先に打ち合わせに行ったり、会議したり大変なんだよね。週末はずっと家で休みたいよ。

F：家にいるばっかりじゃ、反対に疲れも取れないし、ストレスも解消できないわよ。ちょっとでもいいから外に出て新鮮な空気吸ったり、気分転換に運動した方が夜もぐっすり眠れていいのよ。公園にでも行きましょうよ。桜もきれいよ。

M：わかったよ。起きればいいんだろう。

男の人は何をしますか。

3番 N3-T4-03

男の人が女の人を飲みに誘っています。女の人は電話の後どうしますか。

M：もしもし、佐藤？ 今暇だよね。

F：え？ どうして。

M：今から中村たちと飲みに行くんだけど、佐藤も暇だったの思い出してさ。一緒に行こうと思って。

F：あ、そうなんだ。暇って言えば暇なんだけど…。

M：何、何か問題でもあるの。金なら心配いらないよ。どうせ持ってないのわかってるし。6人もいるから佐藤くらいは大丈夫だよ。

F：そうじゃなくて、今姪っ子の世話頼まれちゃって。一緒に遊んであげてるのよ。ちょっと前に寝たところなんだけど。

M：なんだ。だったらいいじゃん。今から来なよ。駅前で待ち合わせしてるからさ。

F：寝たって言っても、いつ起きるかわかんない
から家にはいなきゃいけないわよ。もし起き
て、ご飯食べたいなんて言ったら大変じゃな
い。

M：何だ。まるでお母さんになったみたいジャ
ン。ま、それじゃしょうがないよね。じゃ、
もし来られるならいつでも電話しろよ。

女の人は電話の後どうしますか。

4番　N3-T4-04

サークル仲間の男の人と女の人が話をしていま
す。男の人はこれからどうやって勉強しますか。

M：佐藤さん、ちょっといいかな。

F：あ、金子君、どうしたの？

M：あのう、僕たち、中学から英語勉強し始めて
るだろう。それなのに、オレだけ全然話せな
いし、この英語サークルに入ってからも、ず
っとそのままのレベルのような気がしてさ。

F：そんなことないけど。今でも上手に話してる
じゃない。気のせいよ。

M：そうかな。他の人に比べると、全然うまくな
いと思うんだよね。

F：でも、うちのサークルには、留学した人もい
るし、英文学科もいるししょうがないわよ。
金子君は、サークル入ってから会話の勉強し
たんでしょう。それで今このレベルだったら
もうかなり上手な方だと思うけど。

M：そんなつもりで言ったんじゃないよ。恥ずか
しい。僕は、どうやったらもっと上手になる
か教えてほしいんだから。

F：え、それだったら、簡単よ。上手な人たちは
たいてい留学生の友達がいるもの。そこで教
えてもらったりしてるのよ。金子君も作った
らいいのよ。

M：でも、どこでどう会ったらいいのかも知らな
いし。

F：じゃ、今度パーティーがあるから一緒に行き
ましょうよ。紹介してあげるから。

M：そう。ありがとう。

男の人はこれからどうやって勉強しますか。

5番　N3-T4-05

先生と学生がレポートの書き方について話して
います。木村さんはどのようにレポートを提出
しますか。

F：じゃ、来週の授業までに、この本を読んでレ
ポートを書いてきてください。レポートはA
4サイズで5枚以上になるように。

M：Eメールじゃダメですか。就職活動があっ
て、来週まで来るかどうかわからないんです
けど。

F：ん、Eメールですか。その場合は、タイトル
に学生番号と名前を書いて送ってください。

M：はい、わかりました。

F：木村さんは、就職活動はうまくいっています
か。

M：はい、がんばっています。すいません、いつ
も欠席ばかりして。再来週は絶対出席しま
す。

F：再来週の授業は、みんなの卒業論文のテーマ
発表がありますから、それも考えておいてく
ださい。

M：あ、そういえばそうでしたね。それはもう決
めてあるので大丈夫です。

木村さんはどのようにレポートを提出しますか。

6番 🔊 N3-T4-06

兄弟二人が母の日のことについて話しています。

二人は母の日にどうすることにしましたか。

F：あ〜、今週の母の日に何したらいいと思う？
花は当たり前だけど、その他に何か贈らなき
ゃいけないでしょう？

M：母の日は花とカードくらいでいいよ。それよ
りも来月の誕生日プレゼントのこと考えた方
がいいよ。今年60歳だから、何か記念にな
るようなもの贈らなきゃいけないと思うんだ
けど…。

F：そうよね。予算はいくらぐらいがいいかな？
二人で一緒にしたらそれなりのものをプレゼ
ントできると思うんだけど、どう？

M：それはそうだけど、いくらぐらい考えてる
の？ あまりお金ないけど…。

F：そうねえ、3万くらいじゃダメかしら？ そ
れぐらいだったら、あるでしょう？

M：まぁ、大丈夫だけど、じゃ、何贈ろうか。

F：じゃ、今度の週末デパートにでも行きましょ
うよ。そこでいろいろ見てから決めても遅く
ないわよ。

二人は母の日にどうすることにしましたか。

〈問題2〉

1番 🔊 N3-T4-07

恋人二人がデート中に話しています。女の人は
どうして誕生日にプレゼントは要らないと言っ
ていますか。

M：そういえば来週誕生日だったね。何がほし
い？

F：あ、そういえばそうよね。覚えてくれてたん

だ。う〜ん、別にいいよ。今は特にほしいも
の何もないし、おいしいものでもおごってち
ょうだい。

M：でも、僕の誕生日に財布もらったし、悪い
よ。高かっただろう、あれ。

F：気にしないでいいわよ、別に。私の誕生日は
一緒にいるだけでいいから。

M：う〜ん、それじゃ、靴とか、服はどう？ 遠慮
しないで言ってよ。この前見た新しいジャケ
ット、あれとかどう。

F：あ、あれね。でも、結構高かったわよあれ。
やっぱりいいわよ。その代わりクリスマスプ
レゼントはダイヤの指輪よろしくね。

M：え、それはちょっと…。

F：ふふふ、冗談に決まってるでしょう。

女の人はどうして誕生日にプレゼントは要らな
いと言っていますか。

2番 🔊 N3-T4-08

友達の女の人がケータイについて話しています。
男の人はどうしてケータイを買いませんでした
か。

F：見て見て、これいいでしょう。新しいケータ
イ。

M：あ、いいな〜これ先週出たばっかりのでしょ
う。俺もほしかったんだよね。どこで買った
の？

F：実は、前からずっとほしくて、予約して発売
日に買いに行ったんだ〜。今すごい大人気ら
しいわよ。うらやましいでしょう。

M：あ〜あ、やっぱりそうか。僕はそこまでしな
くても大丈夫だと思ってさ、今もほしいんだ
けど、なかなか売ってる店見つからないん
だ。今からでも予約しようかな？

F：色によって違うと思うけど、駅前には売って
たわよ。

M：あ、それデパートの隣の店でしょう。ホワイ
トだけは売ってるんだよね。

F：あ、何だ。知ってたの？ いいじゃないの、
それで。

M：僕がほしいのはブラックとゴールドのやつだ
よ。あれすごくかっこいいと思わない？

F：そう？ 私には派手すぎるから、毎日使うも
のだし、シンプルなホワイトも素敵だと思う
けど。

M：いやいや、あのデザインには、派手ぐらいの
ほうが絶対いいに決まってるよ。

男の人はどうしてケータイを買いませんでしたか。

3番 🔊 N3-T4-09

女の人がセミナーの受付の男の人と話していま
す。女の人はどうしてセミナーを受けることが
できませんか。

F：すいません、来週の佐藤先生の就職セミナー
に申し込みたいんですけど…。

M：すいませんが、そのセミナーでしたらもう募
集を締め切ってしまったんですよ。

F：え、そうなんですか。申し込み期限はあさっ
てまでのはずですよね。

M：そうだったんですが、希望者が多くて、定員
になってしまったんですよ。

F：そうですか。じゃ、次のセミナーはないんです
か。ぜひそのセミナーを受けたいんですけど。

M：こちらでは今のところはっきりと決まっては
いませんが、決まり次第ご連絡いたしますの
で、こちらにお名前とご連絡先のご記入お願
いいただけますか。

F：そうですか、わかりました。

M：大変申し訳ありません。

F：いえいえ、しょうがないですよ。遅く来た私
が悪いんですから。

女の人はどうしてセミナーを受けることができ
ませんか。

4番 🔊 N3-T4-10

テレビで女の人がお土産について話していま
す。女の人がお土産を選ぶ時に気をつけなけれ
ばいけないことは何だと言っていますか。

F：喜ばれるお土産とは、相手のことをよく考え
たものであることは、分かっているようでな
かなか難しいものです。高すぎて相手に負担
を感じさせるものは避けたいし、化粧品や
香水なども相手の趣味に合うかどうか分かり
ません。何より、旅行地の名前やロゴマーク
入りのTシャツやキーホルダーなどは、行っ
ていない人にとっては思い出でも何でもあり
ません。ただの自己満足なのです。

女の人がお土産を選ぶ時に気をつけなければ
いけないことは何だと言っていますか。

5番 🔊 N3-T4-11

あるインタビューで男の人が通勤時間の使い方
について話しています。男の人はなぜ通勤時間
に勉強していますか。

M：家から会社までの通勤時間は２時間くらい
で、一日の中でもとても大切な時間ですよ
ね、それだけ長いと。周りを見ると座って寝
ている人、携帯をずっと見ている人と様々
ですが、私は、その時間は勉強の時間と決めて
います。眠くならないように、ずっと立って
ＭＰ３で英語のリスニング教材を聞きながら

頭の中で繰り返し練習する。これが私の通勤
時間有効活用法です。

男の人はなぜ通勤時間に勉強していますか。

6番 🔊 N3-T4-12

あるビジネスセミナーで男の人がある習慣につ
いて話しています。男の人はどうしてメモとペ
ンを持つようにしていますか。

M：私はいつもメモとペンは持つようにしていま
す。なぜなら、ちょっとしたアイディアは、
ぱっと頭の中に浮かんではすぐに消えて行っ
てしまうからです。そうなった時にまた思い
出そうとしてもなかなかできるものではあり
ません。仕事中は電話やその日の予定、重要
な用件をメモするなど、絶対に必要です。
性格的に几帳面ではない私もこうすることで
社会人として成長できたと思います。

男の人はどうしてメモとペンを持つようにして
いますか。

〈問題3〉

1番 🔊 N3-T4-13

友だちの二人が話しています。

F：佐藤さん、これこの間もらったマンガ、返すわ。

M：え？ どうして。ほしいって言ってたのに。

F：ごめんね。せっかくもらったんだけど、弟も
同じのもらってきちゃって…。それで他の人
にあげようとも思ったけど、何かもらったも
のを他の人にあげるのも…、ね。

M：そう？ べつに気にしなくてもいいのに。

F：でも、佐藤さんに聞きもしないであげたら、
佐藤さんも気を悪くするかもしれないし…。

M：ひょっとして、他に誰かほしい人知ってる？
もしいるんだったら、その人にあげてもいい
よ。ほら、この間も言ったけど、僕は引っ越
すから荷物になるだけだし。

F：今のところはいないんだけど、佐藤さんもそ
ういうなら私も他の人探してみるわね。

M：うん、お願いできるかな。それから、悪いん
だけど…。

F：うん、何？ 何でも言ってよ。

M：引越しは週末する予定なんだけど、ずっと家
に置いておくわけにもいかないから、持って
帰ってもらえないかな。もらってくれる人見
つかるまで。

F：わかった、いいわよ。

女の人はマンガをどうする予定ですか。

1 ほしい人にあげる。

2 引越しまで持っていてもらう。

3 佐藤さんにあげる。

4 弟にあげる。

2番 🔊 N3-T4-14

会社の仲間二人が音楽会について話しています。

M：ね。上野ホールで音楽会があるんだ。チケッ
トが2枚あるんだけど、一緒に行かない？

F：上野ホール？ ちょっと遠いわね？ 何の音楽
会？

M：アメリカで有名な人が来るんだけど、クラシ
ックピアノの音楽会なんだ。

F：いつなの？

M：来週の水曜日、6時から。

F：う〜ん。前から見たかったから行きたいけ
ど、その日はどうしても都合がつかないわ。

M：そう？ 残念だね。君と一緒に見たかったの
に。

F：ごめんね。また、絶対誘ってね。

女の人は、なぜ音楽会に行きませんか。

1. コンサート会場が遠いから

2. クラシックは好きではないから

3. コンサートの日は都合が悪いから

4. 男の人といっしょに行きたくないから

3番 🔊 N3-T4-15

会社で上司と部下が話しています。

M：サチコさん、昨日はどうして会議に来なかったんですか。

F：えっ？昨日だったんですか。

M：そうですよ。とても大事な会議だからみんな参加しなさいって言ったんじゃないですか。

F：私は23日だと思っていたのに…。

M：いいえ、13日だったんですよ。前もそう言って来なかったでしょう。

F：申し訳ありません。日にちを間違えました。

M：今度は許せません。今すぐ僕の部屋に来てください。

女の人はどうして会議に来なかったんですか。

1. 時間を間違って覚えていたから

2. 日にちを間違って覚えていたから

3. 会議がなくなったと思ったから

4. 部長にしかられたから

＜問題4＞

1番 🔊 N3-T4-16

女の生徒が先生に会いに来ました。どのように言いますか。

F：1. 先生、あのう、ご相談に乗っていただけませんか。

2. 先生、あのう、ご相談に乗ってもよろしいでしょうか。

3. 先生、あのう、ご相談させていただきます。

2番 🔊 N3-T4-17

ガイドの男の人が神社の前で観光客に説明をしています。ガイドは何と言いますか。

M：1. では、みなさん、こちらをお見せになります。

2. では、みなさん、これをお見せします。

3. では、みなさん、こちらをご覧ください。

3番 🔊 N3-T4-18

先輩が家で卒業アルバムを見ています。後輩も見たくて先輩にお願いしています。何と言いますか。

M：1. 先輩、卒業式の写真ですか。私がお見せしてもいいですか。

2. 先輩、卒業式の写真ですか。拝見してもいいですか。

3. 先輩、卒業式の写真ですか。私が撮ってもいいですか。

4番 🔊 N3-T4-19

お客さんが店で一万円札を千円札にかえようとしています。お客さんは何と言いますか。

M：1. ちょっとすみません。これ、ドルに両替していただけませんか。

2. ちょっとすみません。これ、くずしていただけませんか。

3. ちょっとすみません。これ、お金にかえていただけませんか。

<問題5>

1番 📢 N3-T4-20

M：私はいつも音楽を聞きながら勉強します。

F：1. 勉強する前は聞かなければなりません。

　　2. 勉強している時は聞かないほうがいいですよ。

　　3. 勉強した後は聞いてもいいですよ。

2番 📢 N3-T4-21

F：どうして会議に遅れたんですか。

M：1. 道が込んでいたんです。

　　2. なかなか決まりませんから。

　　3. もっと早く始めたほうがいいです。

3番 📢 N3-T4-22

M：いくら山田さんに電話しても、電話に出ません。

F：1. 山田さんに電話すれば大丈夫ですよ。

　　2. あまりお金はかかりませんよ。

　　3. じゃ、メールを送ってみてください。

4番 📢 N3-T4-23

F：もうすぐバスが来ますよね。

M：1. ええ、さっき来ましたよ。

　　2. ええ、まだまだ来ませんよ。

　　3. ええ、あと3分で来ますよ。

5番 📢 N3-T4-24

M：よかったら、今度、うちに遊びに来てください。

F：1. ぜひ、ご招待します。

　　2. ぜひ、お迎えします。

　　3. ぜひ、伺います。

6番 📢 N3-T4-25

F：このコップは丈夫ですか。

M：1. ええ、壊れやすいですよ。

　　2. ええ、壊れにくいですよ。

　　3. ええ、壊していいですよ。

7番 📢 N3-T4-26

M：やっと自転車に乗れるようになりました。

F：1. 練習すれば大丈夫ですよ。

　　2. 早く乗れるようになるといいですね。

　　3. じゃ、今度一緒に自転車でどこか行きましょう。

8番 📢 N3-T4-27

F：こういう場合はこのボタンを押せばいいんですよ。

M：1. けっこうです。

　　2. なるほど。

　　3. よかったですね。

9番 📢 N3-T4-28

M：資料をFAXで送っていただけませんか。

F：1. はい、わかりました。

　　2. はい、もういただきました。

　　3. はい、送ってください。

N3　げんごちしき(もじ・ごい)・かいとうようし

受　験　番　号 Examinee Registration Number	
名　前 Name	

<　　ちゅうい　Notes　　>

1. くろいえんぴつ（HB、No.2）で
かいてください。
Use a black medium soft
(HB or No.2) pencil.

2. かきなおすときは、けしゴムで
きれいにけしてください。
Erase any unintended marks
completely.

3. きたなくしたり、おったりしないで
ください。
Do not soil or bend this sheet.

4. マークれい　Marking examples

よい Correct	わるい Incorrect
●	⊘ ⊖ ◎ ◐ ⊕ ⊗ ◑ ◯

問　題　1

1	①	②	③	④
2	①	②	③	④
3	①	②	③	④
4	①	②	③	④
5	①	②	③	④
6	①	②	③	④
7	①	②	③	④
8	①	②	③	④

問　題　2

9	①	②	③	④
10	①	②	③	④
11	①	②	③	④
12	①	②	③	④
13	①	②	③	④
14	①	②	③	④

問　題　3

15	①	②	③	④
16	①	②	③	④
17	①	②	③	④
18	①	②	③	④
19	①	②	③	④
20	①	②	③	④
21	①	②	③	④
22	①	②	③	④
23	①	②	③	④
24	①	②	③	④
25	①	②	③	④

問　題　4

26	①	②	③	④
27	①	②	③	④
28	①	②	③	④
29	①	②	③	④
30	①	②	③	④

問　題　5

31	①	②	③	④
32	①	②	③	④
33	①	②	③	④
34	①	②	③	④
35	①	②	③	④

N3 言語知識（文法）・読解 解答用紙

受験番号 Examinee Registration Number		名前 Name	

〈 ちゅうい Notes 〉

1. くろいえんぴつ（HB、No.2）でかいてください。
   Use a black medium soft (HB or No.2) pencil.
2. かきなおすときは、けしゴムできれいにけしてください。
   Erase any unintended marks completely.
3. きたなくしたり、おったりしないでください。
   Do not soil or bend this sheet.
4. マークれい Marking examples

よい Correct	わるい Incorrect
●	⊘ ○ ◎ ⓪ ⊖ ⦶ ◌

	問題 1			
1	①	②	③	④
2	①	②	③	④
3	①	②	③	④
4	①	②	③	④
5	①	②	③	④
6	①	②	③	④
7	①	②	③	④
8	①	②	③	④
9	①	②	③	④
10	①	②	③	④
11	①	②	③	④
12	①	②	③	④
13	①	②	③	④
	問題 2			
14	①	②	③	④
15	①	②	③	④
16	①	②	③	④
17	①	②	③	④
18	①	②	③	④
	問題 3			
19	①	②	③	④
20	①	②	③	④
21	①	②	③	④
22	①	②	③	④
23	①	②	③	④

	問題 4			
24	①	②	③	④
25	①	②	③	④
26	①	②	③	④
27	①	②	③	④
	問題 5			
28	①	②	③	④
29	①	②	③	④
30	①	②	③	④
31	①	②	③	④
32	①	②	③	④
33	①	②	③	④
	問題 6			
34	①	②	③	④
35	①	②	③	④
36	①	②	③	④
37	①	②	③	④
	問題 7			
38	①	②	③	④
39	①	②	③	④

N3 聴解 解答用紙

受験番号 Examinee Registration Number

名前 Name

< ちゅうい　Notes >

1. くろいえんぴつ（HB、No.2）で かいてください。
   Use a black medium soft (HB or No.2) pencil.

2. かきなおすときは、けしゴムで きれいにけしてください。
   Erase any unintended marks completely.

3. きたなくしたり、おったりしないで ください。
   Do not soil or bend this sheet.

4. マークれい　Marking examples

よい Correct	わるい Incorrect
●	⊘ ◔ ◎ ◍ ⊖ ◑ ◐

問題 1

れい	①	②	③	●
1	①	②	③	④
2	①	②	③	④
3	①	②	③	④
4	①	②	③	④
5	①	②	③	④
6	①	②	③	④

問題 2

れい	①	②	●	④
1	①	②	③	④
2	①	②	③	④
3	①	②	③	④
4	①	②	③	④
5	①	②	③	④
6	①	②	③	④

問題 3

れい	①	②	●	④
1	①	②	③	④
2	①	②	③	④
3	①	②	③	④

問題 4

れい	●	②	③
1	①	②	③
2	①	②	③
3	①	②	③
4	①	②	③

問題 5

れい	①	●	③
1	①	②	③
2	①	②	③
3	①	②	③
4	①	②	③
5	①	②	③
6	①	②	③
7	①	②	③
8	①	②	③
9	①	②	③

N3　げんごちしき(もじ・ごい)・かいとうようし

| 受　験　番　号
Examinee Registration Number | | 名　前
Name | |

<　　ちゅうい　Notes　　>

1. くろいえんぴつ（HB、No.2）で
かいてください。
Use a black medium soft
(HB or No.2) pencil.

2. かきなおすときは、けしゴムで
きれいにけしてください。
Erase any unintended marks
completely.

3. きたなくしたり、おったりしないで
ください。
Do not soil or bend this sheet.

4. マークれい　Marking examples

よい Correct	わるい Incorrect
●	◌ ◌ ◎ ◑ ◒ ◐ ⬤

問　題　1

1	①	②	③	④
2	①	②	③	④
3	①	②	③	④
4	①	②	③	④
5	①	②	③	④
6	①	②	③	④
7	①	②	③	④
8	①	②	③	④

問　題　2

9	①	②	③	④
10	①	②	③	④
11	①	②	③	④
12	①	②	③	④
13	①	②	③	④
14	①	②	③	④

問　題　3

15	①	②	③	④
16	①	②	③	④
17	①	②	③	④
18	①	②	③	④
19	①	②	③	④
20	①	②	③	④
21	①	②	③	④
22	①	②	③	④
23	①	②	③	④
24	①	②	③	④
25	①	②	③	④

問　題　4

26	①	②	③	④
27	①	②	③	④
28	①	②	③	④
29	①	②	③	④
30	①	②	③	④

問　題　5

31	①	②	③	④
32	①	②	③	④
33	①	②	③	④
34	①	②	③	④
35	①	②	③	④

N3 言語知識 (文法)・読解 解答用紙

受 験 番 号 Examinee Registration Number		名 前 Name	

< ちゅうい　Notes　>

1. くろいえんぴつ (HB、No.2) で かいてください。
Use a black medium soft (HB or No.2) pencil.

2. かきなおすときは、けしゴムで きれいにけしてください。
Erase any unintended marks completely.

3. きたなくしたり、おったりしないで ください。
Do not soil or bend this sheet.

4. マークれい　Marking examples

よい Correct	わるい Incorrect
●	⊘ ⊙ ◎ ⊙ ⊖ ◑ ◯

問 題 1				
1	①	②	③	④
2	①	②	③	④
3	①	②	③	④
4	①	②	③	④
5	①	②	③	④
6	①	②	③	④
7	①	②	③	④
8	①	②	③	④
9	①	②	③	④
10	①	②	③	④
11	①	②	③	④
12	①	②	③	④
13	①	②	③	④

問 題 2				
14	①	②	③	④
15	①	②	③	④
16	①	②	③	④
17	①	②	③	④
18	①	②	③	④

問 題 3				
19	①	②	③	④
20	①	②	③	④
21	①	②	③	④
22	①	②	③	④
23	①	②	③	④

問 題 4				
24	①	②	③	④
25	①	②	③	④
26	①	②	③	④
27	①	②	③	④

問 題 5				
28	①	②	③	④
29	①	②	③	④
30	①	②	③	④
31	①	②	③	④
32	①	②	③	④
33	①	②	③	④

問 題 6				
34	①	②	③	④
35	①	②	③	④
36	①	②	③	④
37	①	②	③	④

問 題 7				
38	①	②	③	④
39	①	②	③	④

N3 聴解 解答用紙

受 験 番 号
Examinee Registration Number

名　前
Name

< 　ちゅうい　Notes　 >

1. くろいえんぴつ（HB、No.2）で
   かいてください。
   Use a black medium soft
   (HB or No.2) pencil.

2. かきなおすときは、けしゴムで
   きれいにけしてください。
   Erase any unintended marks
   completely.

3. きたなくしたり、おったりしないで
   ください。
   Do not soil or bend this sheet.

4. マークれい　Marking examples

よい Correct	わるい Incorrect
●	⊘ ⊖ ◎ ⦶ ⊝ ⊕ ○ ●

問　題　1

1	①	②	③	④
2	①	②	③	④
3	①	②	③	④
4	①	②	③	④
5	①	②	③	④
6	①	②	③	④

問　題　2

1	①	②	③	④
2	①	②	③	④
3	①	②	③	④
4	①	②	③	④
5	①	②	③	④
6	①	②	③	④

問　題　3

1	①	②	③	④
2	①	②	③	④
3	①	②	③	④

問　題　4

1	①	②	③
2	①	②	③
3	①	②	③
4	①	②	③

問　題　5

1	①	②	③
2	①	②	③
3	①	②	③
4	①	②	③
5	①	②	③
6	①	②	③
7	①	②	③
8	①	②	③
9	①	②	③

N3　げんごちしき(もじ・ごい)・かいとうようし

受験番号 Examinee Registration Number		名前 Name	

問題 1

1	①	②	③	④
2	①	②	③	④
3	①	②	③	④
4	①	②	③	④
5	①	②	③	④
6	①	②	③	④
7	①	②	③	④
8	①	②	③	④

問題 2

9	①	②	③	④
10	①	②	③	④
11	①	②	③	④
12	①	②	③	④
13	①	②	③	④
14	①	②	③	④

問題 3

15	①	②	③	④
16	①	②	③	④
17	①	②	③	④
18	①	②	③	④
19	①	②	③	④
20	①	②	③	④
21	①	②	③	④
22	①	②	③	④
23	①	②	③	④
24	①	②	③	④
25	①	②	③	④

問題 4

26	①	②	③	④
27	①	②	③	④
28	①	②	③	④
29	①	②	③	④
30	①	②	③	④

問題 5

31	①	②	③	④
32	①	②	③	④
33	①	②	③	④
34	①	②	③	④
35	①	②	③	④

N3　言語知識（文法）・読解　解答用紙

受　験　番　号 Examinee Registration Number		名　前 Name

<　ちゅうい　Notes　>

1. くろいえんぴつ（HB、No.2）で かいてください。
   Use a black medium soft (HB or No.2) pencil.

2. かきなおすときは、けしゴムで きれいにけしてください。
   Erase any unintended marks completely.

3. きたなくしたり、おったりしないで ください。
   Do not soil or bend this sheet.

4. マークれい　Marking examples

よい Correct	わるい Incorrect
●	⊘ ◗ ◎ ◑ ⊖ ◐ ◯

問　題　1

	1	2	3	4
1	①	②	③	④
2	①	②	③	④
3	①	②	③	④
4	①	②	③	④
5	①	②	③	④
6	①	②	③	④
7	①	②	③	④
8	①	②	③	④
9	①	②	③	④
10	①	②	③	④
11	①	②	③	④
12	①	②	③	④
13	①	②	③	④

問　題　2

	1	2	3	4
14	①	②	③	④
15	①	②	③	④
16	①	②	③	④
17	①	②	③	④
18	①	②	③	④

問　題　3

	1	2	3	4
19	①	②	③	④
20	①	②	③	④
21	①	②	③	④
22	①	②	③	④
23	①	②	③	④

問　題　4

	1	2	3	4
24	①	②	③	④
25	①	②	③	④
26	①	②	③	④
27	①	②	③	④

問　題　5

	1	2	3	4
28	①	②	③	④
29	①	②	③	④
30	①	②	③	④
31	①	②	③	④
32	①	②	③	④
33	①	②	③	④

問　題　6

	1	2	3	4
34	①	②	③	④
35	①	②	③	④
36	①	②	③	④
37	①	②	③	④

問　題　7

	1	2	3	4
38	①	②	③	④
39	①	②	③	④

N3　聴解 解答用紙

<ruby>聴解<rt>ちょうかい</rt></ruby> <ruby>解答用紙<rt>かいとうようし</rt></ruby>

受 験 番 号 Examinee Registration Number	

名　前 Name	

<　ちゅうい　Notes　>

1. くろいえんぴつ（HB、No.2）で かいてください。
Use a black medium soft (HB or No.2) pencil.

2. かきなおすときは、けしゴムで きれいにけしてください。
Erase any unintended marks completely.

3. きたなくしたり、おったりしないで ください。
Do not soil or bend this sheet.

4. マークれい　Marking examples

よい Correct	わるい Incorrect
●	◌ ◌ ◌ ◌ ◌ ◌ ◌

問　題　1

1	①	②	③	④
2	①	②	③	④
3	①	②	③	④
4	①	②	③	④
5	①	②	③	④
6	①	②	③	④

問　題　2

1	①	②	③	④
2	①	②	③	④
3	①	②	③	④
4	①	②	③	④
5	①	②	③	④
6	①	②	③	④

問　題　3

1	①	②	③	④
2	①	②	③	④
3	①	②	③	④

問　題　4

1	①	②	③
2	①	②	③
3	①	②	③
4	①	②	③

問　題　5

1	①	②	③
2	①	②	③
3	①	②	③
4	①	②	③
5	①	②	③
6	①	②	③
7	①	②	③
8	①	②	③
9	①	②	③

N3　げんごちしき(もじ・ごい)・かいとうようし

受　験　番　号 Examinee Registration Number	名　前 Name

問　題　1

1	①	②	③	④
2	①	②	③	④
3	①	②	③	④
4	①	②	③	④
5	①	②	③	④
6	①	②	③	④
7	①	②	③	④
8	①	②	③	④

問　題　2

9	①	②	③	④
10	①	②	③	④
11	①	②	③	④
12	①	②	③	④
13	①	②	③	④
14	①	②	③	④

問　題　3

15	①	②	③	④
16	①	②	③	④
17	①	②	③	④
18	①	②	③	④
19	①	②	③	④
20	①	②	③	④
21	①	②	③	④
22	①	②	③	④
23	①	②	③	④
24	①	②	③	④
25	①	②	③	④

問　題　4

26	①	②	③	④
27	①	②	③	④
28	①	②	③	④
29	①	②	③	④
30	①	②	③	④

問　題　5

31	①	②	③	④
32	①	②	③	④
33	①	②	③	④
34	①	②	③	④
35	①	②	③	④

N3 言語知識（文法）・読解 解答用紙

受験番号 Examinee Registration Number

名前 Name

問題 1

1	①	②	③	④
2	①	②	③	④
3	①	②	③	④
4	①	②	③	④
5	①	②	③	④
6	①	②	③	④
7	①	②	③	④
8	①	②	③	④
9	①	②	③	④
10	①	②	③	④
11	①	②	③	④
12	①	②	③	④
13	①	②	③	④

問題 2

14	①	②	③	④
15	①	②	③	④
16	①	②	③	④
17	①	②	③	④
18	①	②	③	④

問題 3

19	①	②	③	④
20	①	②	③	④
21	①	②	③	④
22	①	②	③	④
23	①	②	③	④

問題 4

24	①	②	③	④
25	①	②	③	④
26	①	②	③	④
27	①	②	③	④

問題 5

28	①	②	③	④
29	①	②	③	④
30	①	②	③	④
31	①	②	③	④
32	①	②	③	④
33	①	②	③	④

問題 6

34	①	②	③	④
35	①	②	③	④
36	①	②	③	④
37	①	②	③	④

問題 7

38	①	②	③	④
39	①	②	③	④

N3 聴解 解答用紙

受 験 番 号 Examinee Registration Number	

名　前 Name	

<　　ちゅうい　Notes　　>

1. くろいえんぴつ (HB、No.2) で
かいてください。
Use a black medium soft
(HB or No.2) pencil.

2. かきなおすときは、けしゴムで
きれいにけしてください。
Erase any unintended marks
completely.

3. きたなくしたり、おったりしないで
ください。
Do not soil or bend this sheet.

4. マークれい　Marking examples

よい Correct	わるい Incorrect
●	⊘ ◍ ◎ ◑ ⊜ ◐ ◯

問 題 1

1	①	②	③	④
2	①	②	③	④
3	①	②	③	④
4	①	②	③	④
5	①	②	③	④
6	①	②	③	④

問 題 2

1	①	②	③	④
2	①	②	③	④
3	①	②	③	④
4	①	②	③	④
5	①	②	③	④
6	①	②	③	④

問 題 3

1	①	②	③	④
2	①	②	③	④
3	①	②	③	④

問 題 4

1	①	②	③
2	①	②	③
3	①	②	③
4	①	②	③

問 題 5

1	①	②	③
2	①	②	③
3	①	②	③
4	①	②	③
5	①	②	③
6	①	②	③
7	①	②	③
8	①	②	③
9	①	②	③

저자

이장우

현 종로 파고다 외국어 학원에서 JPT 및 일본어능력시험 전문강사로 활동 중

저서

'일본어능력시험 필출문제' 1, 2, 3, 4급 시리즈
점수별 '딱 JPT' 시리즈
'JPT 지배하는 법' 파트별 시리즈 그 외 다수

다카하시 소(高橋 総)

현 종로 파고다 외국어 학원 강사로 활동 중
휴먼 아카데미 일본어 교사 양성 과정 수료(2004년)
일본 東海대학 정치학과 졸업(2000년)

일본어능력시험 실전 시뮬레이션 N3

저자 이장우, 다카하시 소 공저
초판 1쇄 발행 2010년 8월 30일
초판 2쇄 발행 2011년 11월 21일

발행인 박효상
편집책임 임수진
디자인책임 손정수
마케팅책임 이종선
마케팅 이태호, 이전희

발행처 사람in
출판등록 제 10-1835호
주소 121-839 서울 마포구 서교동 378-16 4F
전화 02.338.3555
팩스 02.338.3545
이메일 saramin@netsgo.com
홈페이지 www.saramin.com

ISBN 978-89-6049-169-4 18730
　　　978-89-6049-170-0 (set)